加藤紀子

Noriko Kato

海外の大学に進学した人たちはどう英語を学んだのか

ポプラ新書
239

はじめに

アメリカのスターバックスでは２０２２年から従業員の賃金が引き上げられ、その時給は17ドル。２０２２年の秋に円安が進んだ際の１４５円というレートで円に換算すると、２５００円近くになります。一方、日本のスターバックスの時給は東京で１１４０円から。地方都市では１０００円以下の店も多くあるようです。

アメリカの中でも物価が高いカリフォルニア州では、ファストフード業界で働く約50万人の労働者の労働条件を改善するための新法案に州知事が署名。この法案が成立すれば、最低賃金を15ドルから最大22ドルに引き上げることになり、ファストフード業界の時給が３０００円を超えるのです。

こうして見ると、日本はずいぶん貧しい国になってしまったと言わざるをえません。筆者も2022年の夏にアメリカに行きましたが、宿泊費、レンタカー、食費など何もかも「日本は安すぎる」と感じずにはいられませんでした。

平均賃金が2013年には韓国に抜かれ、2021年にはイタリアにも抜かれてついにG7（主要7カ国首脳会議）で最下位になった日本。しかもこれは1ドル＝109・8円という為替レートで換算されたデータに基づく順位で、円安が進んだ1ドル＝145円で換算しなおすと、ポーランド、エストニア、ラトビア、チェコといった中東欧諸国にも抜かれてしまいます。

小資源国の日本で今後、一層の少子高齢化が進めば、経済成長率を上げるのはますます難しくなるでしょう。日本は海外の人たちが働きに来る国だと思っていたのが、実は今や、日本から海外に働きに行ってひと稼ぎできるのです。

「お給料が少なくても、日本はなんでも安いから何とかやっていけそう」

つい最近までそんな気持ちだった人も、お給料は上がらないのに、物価が上昇して家計への負担が増えてくると、「あれ？　これもしかしてヤバいかも」

といよいよ危機感を持ち始めているのではないでしょうか。

英語は「旅行先での日常会話」が目的の時代は終わった

暗い話ばかり続きますが、今度は英語力です。

国際語学教育機関「ＥＦエデュケーション・ファースト」（本部・スイス）の２０２２年調査によると、英語を母語としない１１２カ国・地域のうち、日本人の英語力は前年の78位からさらに順位を落とし、80位。これは5段階中4番目となる「低い能力レベル」（61～87位）に分類されます。

また、日本でＴＯＥＩＣを実施・運営する国際ビジネスコミュニケーション協会の調査によると、中学高校、さらには大学でも英語を勉強したのに、「英語が苦手」と自覚している日本のビジネスパーソンは約7割にのぼります。

かつてはバブル期の日本企業がニューヨークの摩天楼を相次いで買収したこともありましたが、今では「買われる」側です。円安が進めば、日本はさらに「お買い得」になります。

確かに英語は単なる道具に過ぎません。けれどその道具すらまともに使えないままだと、「お買い得」な日本でひと稼ぎしようとやって来る人たちと交渉をすることさえままなりません。会社が買われたり合弁で事業をしたりする状況になった時、上司や同僚が日本語を話せないとか、日本語が通じないお客さんを相手に商売をするといったことが、もっと当たり前の世の中に変わっていくかもしれないのです。

海外旅行でちょっとした日常会話ができる。

大半の日本人が英語を学ぶことのメリットや目標はその程度だったかもしれませんが、果たして今後もそのままでよいのでしょうか。

機械翻訳が進化したら英語を学ぶ必要はなくなるのか

近年は機械翻訳の精度が大きく向上しています。海外旅行などでのちょっとした日常会話にはポケトークのようなAI通訳アプリを、さらに仕事や勉強ではグーグル翻訳やDeepL《ディープエル》といったツールを使っている人は今や非常に多いのではないでしょうか。

フェイスブックの親会社であるメタの人工知能（ＡＩ）研究部門は、口頭での会話をほぼリアルタイムで翻訳できる音声翻訳システムを開発し、その技術をオープンソースで公開しています。

お互いに違う言語を話していても、このようなシステムによって意思疎通ができるという時代はかなり近いところまで来ているようです。

そうなると、これからの未来を生きる子どもたちにとって、英語はもはや苦労して身につける必要もなくなっていくのでしょうか。

第二言語習得の専門家である早稲田大学教育学部英語英文学科の原田哲男教授は、言語にはいくつか機能があるが、そのうち大切なものが２つあると言います。

ひとつは「情報の伝達」。もうひとつは「人と人をつなぐため、感情のやりとりを通じて社会生活を円滑にしていく機能」です。

「事実を正確に、時には詳しく伝えるという前者の機能は、機械翻訳に軍配が上がることもあります。しかし、相手の感情をその社会的な背景まで考慮して理解し、それに対して自分の感情をいかに伝えるかまでは、機械翻訳だとまず難しいのではないでしょうか。言語の感情面や社会面、さらには抽象的な思考力まで機械翻訳に頼るのは到底不可能であり、英語を学び、自ら考えるコミュニケーション力はまだまだ必要です。むしろそこが機械翻訳で置き換えられるようになったら、文化は滅んでしまうと言っても過言ではないはずです」

大学院からアメリカに渡り、気鋭の経済学者として活躍するイェール大学の成田悠輔《ゆうすけ》助教授も、こうした時代に英語を学ぶことの意義について、「NewsPicks」のインタビューで次のように語っています。

「自動翻訳の性能がちょっとやそっと向上しても、英語の言い回しや声色から滲み出る相手の感情を読み取るとか、リアルタイムの言葉の往復で心と心を糊でがっちりくっつけるみたいな部分はその言語を体に染み込ませた人にしか難しいでしょう。どんなに凄腕の同時通訳者を雇ったとしても通訳を介している時点で失われるものがあるのと同じだと思います」

また、英語を習得する過程で得るものがあるとも指摘しています。

「ノンネイティブが英語を学ぶ過程で、自分の英語がどこまで行っても下手だし、伝わらないし、呆れられるし、聞き取りもできないという現実にぶつかります。ネイティブの中にいると、自分が明らかにコミュニケーション弱者だと痛感させられます。自分を弱い立場に置いて、弱者としての自分に出会う経験って、すごく貴重だと思うんです。

こうした経験をすると、『弱い立場に置かれた時の自分』を強く認識しますし、自分をマイノリティの立場に置いて相手の文化や価値観に触れることになります。お互いの文化や価値観の違いを認識する技能として、英語の役割はまだまだ残り続けるのではないでしょうか」

このように、むしろ今、そしてこれからこそ、英語を学ぶことの意義が高まっているのではないだろうか。

私がこの本をまとめようと思ったのは、そうした思いからです。

日本の英語教育は依然として「ゴール＝入試」

一方で日本の英語教育の現場では、以前から日本人の英語力の低下に対して懸念を共有しており、２０２０年からは小学校で英語が正式な教科になりました。大学入試においても４技能すべてを使える英語を目指し、改革の舵が切られようとしたのですが、結局外部試験の導入は見送られました。センター試験に替わって始まった大学入学共通テストではリーディングとリスニングの配点比率が１：１とされたものの、実際にはリスニングの比率を大幅に下げている大学も多く、東大では７：３、京大では３：１と依然「読む」技能に偏っています。

大学の入試問題に詳しい東進ハイスクール講師の安河内《やすこうち》哲也氏によると、問題の約８割が読解・文法・語彙に関するもので、残りの２割ほどが英作文、リスニングは２パーセント、スピーキングは０パーセント。「本当は学生たちもしゃべれるようになりたいし、先生も４技能のすべてを使える英語を教えたい。文科省の学習指導要領もそれを求めている。妨げているのが、現在の大学入試の在り方だ」と警鐘を鳴らしています。

このように、入試をゴールとした減点方式の英語を強いられることで英語嫌いになったり、苦手意識を植え付けられたりしてしまっているのはとても残念な現状です。

日本人の英語力はもっと伸ばせる

モチベーションには「外発的動機づけ」と「内発的動機づけ」の2種類があると言われています。試験の点数や順位などの「結果」で褒めるのは、典型的な「外発的動機づけ」です。一方で、心の内側からあふれる興味や関心から行動につなげていくのが「内発的動機づけ」です。

試験の結果が良ければ短期的にはモチベーションの向上につながるかもしれませんが、外発的動機づけだけでは長期的な学習のモチベーションの維持はできません。日本ではどうしても入試のような外発的動機づけが強く働くので、試験が終わった途端にやる気がなくなってしまう人が多いのではないでしょうか。

つまり、英語学習についても、内発的動機づけ＝心の内側からあふれる興味や関心をうまく組み合わせていく必要があるのです。

そこでヒントにしたいのが、日本から海外の大学に進学した人たちの英語学習法です。

もちろん、日本から英語の環境に留学する際にも、TOEFLのような4技能の英語力を測るテストを受け、求められる点数をクリアしなければならないという点では外発的動機づけが働きます。ただ、外発的動機づけだけで、海外大学で学ぶことができるレベルの英語力を身につけるのは難しいでしょう。さらに留学はそこからがスタート。留学先では自分がマイノリティの立場になり、英語「を」学ぶのではなく、英語「で」学ぶ環境に飛び込んでいくわけですから、外発的動機づけだけでは長続きしないでしょう。

今回この本で紹介するのは、日本で生まれ育ち、高校まではインターナショナルスクールではない日本の学校で教育を受け、そこで身につけた英語力で海外の大学に進学した人たちの英語学習法です。短期の留学ではなく学位の取得を目的とした進学というと、高い学費が支払える裕福な家庭をイメージされるかもしれませんが、今回登場する方たちのほとんどは奨学金を得るなどさまざまな形で、日本の大学に通うのと同等以下、中には負担ゼロで留学を実現している人が何人もいます。

彼らは小さな頃から特別にお金のかかる環境に置かれてきたわけではありません。

果たして帰国子女ではない彼らがどうやって日本の教育制度の下、海外大学で学べる高いレベルの英語力を身につけ、そしてその英語力は留学先でどのように磨かれていったのか。

この本ではその学習法をひも解いていきたいと思います。

海外の大学に進学した人たちはどう英語を学んだのか／目次

はじめに　3

第1章　日本の学校に通いながら、英語をどう学ぶのか　21

日本の学校に通いながら海外の大学に進学した人たち　22
日本にいながら高い英語力を身につける8つの秘訣　25
①記憶に残る「英語は楽しい」という経験　26
②「英語は欠かせないもの」と感じる環境　29
③自分に合った方法で単語力を爆上げする　34
④文法の「型」をマスターする　39
⑤独り言でも英語を話す　41
⑥日常を英語に浸す　44
⑦ググる力を身につける　47

⑧やり抜く力（GRIT） 49
実際にどう英語を勉強したのか　4名の体験談 52
小中高と日本の学校で教育を受けることのメリット 74
コラム　英語はいつから始めるべき？ 78

第2章 世界で使える英語は、どうすれば身につくのか 87

現地で感じた英語力の「壁」 88
言葉の「壁」を乗り越えるためのマインドセット 90
言葉以外の入り口から英語力を上げる 92
英語が「飛躍的に伸びた」と実感する日はくるのか 93
「英語が得意」と思っている人でも陥る落とし穴 96
大事なのは英語力よりコミュニケーション力 98
多様な人とのコミュニケーションで英語力はぐんと伸びる 102

日本でもコミュニケーション力は鍛えられる　106
意識的に環境を変えることが大切　109
英語力を上げるために日常でなにを大切にすべきか　113
「やればできる！」と思えるグロースマインドセット　118
何かに打ち込んだ経験が英語力を伸ばすのにも役立つ　121
脳が楽しんでいる状態だと集中力が高まる　122
一番関心のあるところから英語の勉強を始める　125
好奇心が湧いている時にモチベーションは高まる　126
子どもの邪魔さえしなければいい　128

第3章　身につけた英語を、どう社会で活かすのか　135

日本からの留学は増えている　136
海外大学に進学する人たちが増えている背景　138
日本の大学では得られないものがある　140

開成からも海外の大学を目指すようになった　142
日本人が英語を身につける6つの利点　145
国内でも留学と同じような環境で学ぶことはできる　150
英語は進路にどう活かせるか　152
企業から見る人材としてのバリュー　154
グローバル人材採用の最前線では何が起きているのか　155
英語力より大切なことがある　157
重要なのは対話力　163
日本で働く際に得られるチャンスとは　166
世界には目指したいロールモデルがあふれている　169
コラム　海外の大学に進学するには　172
おわりに　190
参考・引用文献　196

第1章

日本の学校に通いながら、英語をどう学ぶのか

美しい発音で流暢に英語を話す人を見て、同じ日本人なのにどうやったらあんなふうになれるのかと羨望の眼差しを向けたことはありませんか。あるいは親の立場なら、やはり早くから英語を習わせた方がいいのか、早く始めないと手遅れになるのではないかという不安に駆られる人もいるかもしれません。

幼少期から英語に触れることに効果は期待できるものの、英語を習得するのに「手遅れ」はないといわれます。でも本当に早く始めなくても、インターナショナルスクールや留学、あるいは英語の学童保育のように、幼い頃から英語にどっぷり浸かる環境にいなくても、高い英語力は身につけられるのでしょうか。

日本の学校に通いながら海外の大学に進学した人たち

その手がかりとなるのは、日本で小・中・高と教育を受け、そこで身につけた英語力で海外の大学へと進学した人たちの勉強法です。彼らはその英語力で海を渡り、現地の学生と肩を並べて英語で授業を受け、学業をおさめています。

海外の大学に進学する人たちといえば、元々高いレベルで完成した英語力を持つバイリンガルや帰国子女、インターナショナルスクール出身者などを思い浮かべ、「ずっと日本に生まれ育った自分には無理だ」とはなからあきらめてしまう人がまだまだ多いと思いますが、実際にはそんな人たちばかりではありません。今回、お話を聞かせて下さった方々のプロフィールを見てみましょう。

・今井理貴《いまいりき》さん（群馬県立高校↓アメリカのポモナカレッジ）
・UMさん（埼玉県立高校↓ケンブリッジ大学）
・小此木理人《おこのぎりひと》さん（東京都私立高校↓オレゴン大学）
・KKさん（神奈川県立高校↓カナダのマギル大学）
・幸田優衣《こうだゆい》さん（新潟県立中高一貫校↓アメリカのディアブロバレーカレッジ↓カリフォルニア大学バークレー校）
・砂山朋美《すなやまともみ》さん（静岡県立高校↓アメリカのノックスカレッジ↓イェール大学院）

・橋本七海《はしもとななみ》さん（大阪府立高校↓オランダの国立デルフト工科大学　＊授業は英語）
・坂内佑太朗《ばんないゆうたろう》さん（新潟県立高校↓ニューヨーク州立大学ジェネセオ校）
・船田美咲《ふなだみさき》さん（東京都公立中↓私立高校↓アメリカのハミルトンカレッジ）
・松野知紀《まつのともき》さん（茨城県立高校↓ハーバード大学）

あわせて、彼らと似たような環境で育った、これまで取材を通じて出会ったり、自身で本を出版し、その中で英語の勉強法について紹介していたりする学生さんたちの情報も参考にしていきます。

まずこの第1章では、彼らが留学に先立ち、その準備としてどのように英語の勉強を進めていったのか見ていきたいと思います。

日本にいながら高い英語力を身につける8つの秘訣

アメリカ、カナダ、オーストラリアやイギリス、オランダなど英語で授業を行う大学に入学する場合、留学生は英語力を証明する試験のスコアを提出します（ただし、語学などを主な目的とした短期留学や国によっては不要な場合もあります）。

いずれの試験も日本の大学を受験する場合と大きく異なるのは、日本に比べてリスニングの比重が大きいこと、スピーキングが課せられることです。

言うまでもなく、海外の大学にチャレンジするには、英語で行われる大学の授業についていけるだけの英語力が求められます。高校まで日本語で日本の教育を受けながらそのレベルにまで英語力を伸ばしていくのに、何か秘訣はあるのでしょうか。

その秘訣について、今回お話を聞かせていただいた人たちのインタビューをまとめていくうちに、次の８つの共通点を見出すことができました。

①記憶に残る「英語は楽しい」という経験

海外大学を志向する人たちなら、幼い頃から習い事などで英語に触れていたのかと想像していたのですが、意外なことに「中学のABCからスタート」というケースが大半でした。「早く始めなければ身につかない」ということは全くなく、学校の勉強と同時にスタートで問題はないようです。

一方、習い事を通じて英語に早くから触れていた人にとっては、英語力そのものより、楽しい思い出や海外に対する憧れなど、習い事が英語に対するポジティブな動機づけになっていました。

カリフォルニア大学バークレー校を卒業した幸田優衣さんは、「小学校の時に家の近くにあったECCジュニアの教室は、自分にとって夢の世界だった。海外とは無縁の環境だったので、そこは初めての海外の文化との接点だった」といいます。

ハーバード大学に在学中の松野さんも、5歳の時から週に1度、家の近くでアイルランド人が個人でやっている英会話教室に通っていましたが、「遊びに行っていただけで、英語は全くと言っていいほど身につかなかった」と幼少期を振り返ります。

「でも、ひとつ本当によかったのは、英語は『楽しい』っていうことだけは体験できたんですよね。実は同じ時期に並行してそろばんにも通っていたのですが、先生がとても厳しく、それが怖くてめちゃくちゃ必死に頑張ったので、そろばんは英語と比べて圧倒的に上達したんですけど、楽しくないから嫌になっちゃったんです。だから何事も最初のつかみ、〝イントロ〟の部分で『楽しい記憶』が残るかどうかは一生響くんじゃないかと思います」

つまり大事なのは、幼少期に英語嫌いになるような体験をさせないこと。英語力を身につけさせようと親や周りの大人が熱くなりすぎると、かえって英語嫌いを増長させる可能性があります。今は２０２０年の学習指導要領の改訂で小学校３年生から学校で英語が始まり、５年生からは教科として成績も付くため、教員が「できたかできていないか」「正しいか否か」に焦点をあてすぎた指導をしたり、親がテストの結果に一喜一憂したりすると、子どもはあっという間にやる気を無くしてしまいかねません。

こうした背景からか、実際に、英語が好きではないという小学生は増加傾向にあります。文部科学省の全国学力・学習状況調査によると、「英語の学習（勉強）は好きですか？」という質問に対し、「そう思わない」と「どちらかといえば、そう思わない」と答えた小学校6年生が、2013年度の23・7パーセントから21年度は31・5パーセントと約8パーセントも増えています。

第二言語習得の専門家である宮城教育大学の鈴木渉教授は、子どもの英語習得を促すには、保護者が子どもと一緒に英語の絵本を楽しむことを勧めています。保護者の読み聞かせは言語発達に良い影響を与えることはよく知られていますが、それが第二言語であっても、リーディング力が高くなることがわかっているそうです（『英語学習の科学』）。

小学校の英語であれば、親も一緒に楽しめるレベルです。できる・できないは一切気にせず、「子どもが楽しめているならそれで十分」と温かく見守ることが、英語嫌いにさせないコツといえるでしょう。

また、鈴木教授は、子どもが英語に興味を示さない場合には、一緒に海外のアニメやドラマを見たり、英語の音楽を聴いたり、英語村や海外旅行に出かけたり、英語話者との交流の機会を設けたりするなど、子どもが外国に関心を持つような工夫をその子に合った形で実現することが重要だと言っています。

②「英語は欠かせないもの」と感じる環境

中学・高校になると、海外との接点を持つ機会が増えてきます。プライベートな家族旅行は無理でも、自治体の海外派遣事業や学校主催のプログラムで海外を訪問するチャンスが増えてくるからです。

ニューヨーク州立大学ジェネセオ校を卒業した坂内さんは中学校時代、地元の自治体によるプログラムで東ロシアに派遣されました。

「初めての海外旅行がロシアの、しかも僻地の町で、英語は相手も全く話せず、自分は何のために英語を勉強しているんだと少しがっかりしました。でもその悔しさからか、帰りの飛行機で、『もう一度、海外に行きたい。どうせなら長期で英語圏に留学するぞ』と強く心に決めました」

坂内さんはこれがきっかけで、海外大学進学コースが新しく設置される県立高校（新潟県立国際情報高校）に入学することになります。

オランダの大学で学ぶ橋本さんは高校1年の夏、学校主催の短期交換留学に抽選で選ばれ、生まれて初めての海外旅行でオーストラリアを訪れました。

「クイーンズランド州立大学を見学したのですが、美しく広々としたキャンパスを一目見ただけで、直感的に海外の大学に行きたいと思うようになりました」

坂内さんも橋本さんも、英語力は地元の公立高校に入学できるレベルからのスタートでしたが、こうした海外での原体験が英語の勉強に向かう起点となったのです。

一方で、中高時代に海外を訪れることで「危機感を抱いた」という人もいます。

アメリカのハミルトンカレッジで学ぶ船田さんも同じく高校1年の夏、部活のスキーの強化合宿でニュージーランドに滞在しますが、偶然リフトに乗り合わせた少年に衝撃を受けたといいます。

「彼はスノーボーダーで、13歳でアメリカ・カリフォルニア州から飛び級でニュージーランドの大学に来ていました。世界には、こんなレベルで国境を越えて挑戦している人がいると知り、自分がどれだけ井の中の蛙だったのかと打ちのめされました。今の環境のままだったら自分はどこにもたどり着かないぞって。私の場合、海外の大学を受けようと思ったのは、ワクワクした気持ちというよりも、絶対的な恐怖感からです」

オレゴン大学を卒業した小此木さんも、高校2年の夏に訪れたアメリカでのサマーキャンプでの体験がアメリカの大学を目指すきっかけになりました。

「当時『ビバリーヒルズ青春白書』っていうドラマにハマっていて、その撮影場所の大学に行けるというので、ちょっと行ってみたいなぐらいの気持ちで参加しました。世界各地から同世代が集まって1ヶ月ほど一緒に過ごすプログラムだったのですが、日本人だけが会話の輪に入れてなかったんです。それを見て『ヤバいな』って思って。

将来、グローバル化が進んで、日本だけじゃなくて海外でも仕事をしなきゃいけなくなった時に、このまま日本で教育を受け続けてもダメだろうなぁと。実は英語が一番苦手で勉強したくなかった。でも交換留学くらいでは多分まともに身につかない。じゃあどうするのが一番いいかなって考えたら、自分はもうその環境に入るしかないと思ったんです」

海外から日本を客観視することで、これまで当たり前だと思っていた価値観が揺さぶられる。そして、日本の大学以外の選択肢があると気付くことは、10代という多感な時期には人生の転機になりうる体験といえるでしょう。

TOEFLなど世界を土俵にした英語の試験でスコアを上げるには相応の努力が必要です。自分自身の中から湧き上がるモチベーションがなければ、高い目標に向かって地道な努力は続けられません。スタートラインは、海外への憧れというポジティブな感情に限らず、危機感や失望感といったネガティブな感情であっても、たとえ英語が好きではなくてもいいのです。英語なしでは前に進めない、どうしても英語が必要だと感じる環境が、英語の勉強に向かわせる大きなモチベーションとなっているのは間違いありません。

第二言語習得の専門家で、早稲田大学の原田哲男教授によると、最新の第二言語習得論では、こうした英語を学ぶ上での「動機づけ」に関する研究が大きく進歩しているそうです。

「最近の動機づけ理論では、第二言語を使う理想的な自分を具体的にイメージできる学習者ほど、第二言語学習における動機づけが高いと考えられています。また、人のやる気というのは移ろうもので、英語を学ぶ長い道のりでは、試験などの義務感がないとやる気が出なかったり、思うような成果が得られずに全くやる気をなくしてしまったりすることもたびたび起きるでしょう。しかしそういう時でも、英語を使って『～したい』『～になりたい』といった理想的なイメージを持っていれば、学習に対するやる気が持続することが最近の研究からわかっています。英語力の向上には、将来への具体的なイメージを持てるかどうか、それが本人の内面からの要求であるかどうかがとても重要なのです」

③自分に合った方法で単語力を爆上げする

英語力を上げるぞというモチベーションが確立したところで、一番の大きな壁は単語力です。「単語を知らないと話にならない」というのは今回のインタビューで全員一致の見解です。

日本の大学受験に必要な単語数は4000~6000語と言われていますが、英語圏の大学に行く場合、最低でも8000語以上、レベルの高い大学を目指す場合には1万3000語以上が目安です。生物や化学、歴史に関する文章など、現地の学生と同じレベルで学術的なトピックに対応できる語彙力が求められるため、どうしても難易度は上がります。

では、どうやってこの膨大な単語を覚えるかですが、これは人によってさまざまというのが結論です。というのも、人によって得意な学習方法は異なるため、自分に合った覚え方をするのが一番だからです。

ちなみにこれには、ハーバード大学の心理学者であるハワード・ガードナー博士が提唱した「多重知能理論」が参考になります。ガードナー博士は、人間の持つ知能は8種類あり、人によってある知能が強かったり、弱かったりするので、その人の特性に合わせて得意な方法で学習すれば、その人の持つ能力が大きく引き上げられると唱えています。この理論は世界各国の教育現場やビジネスの世界でも活用されています。8種類の知能をここで紹介しましょう。

＊言語的知能：文章を書くことや言葉に興味がある。読書好き。
＊論理・数学的知能：数量に興味があり、分析するのが好き。科学的なことに対する理解が早い。
＊空間的知能：言葉で説明されるより、絵や図、写真などビジュアル重視で説明された方が理解しやすい。
＊音楽的知能：歌や楽器演奏が上手で、音を聞き分けられたり、メロディをすぐに覚えられたりする。本や教材を音読や歌にするなど、声に出すと学習がうまく運ぶ。
＊身体運動的知能：実験や道具を使うなど、実際に手や体を動かしながら集中

させる。
＊対人的知能：1人でやるより他の人と一緒にやる方がはかどる。
＊内省的知能：1人でじっくり考え、困った時も自分で解決できる。
＊博物的知能：特定の物事に詳しく、図鑑好き。観察力がある。

例えば「書く」ことが好きな言語的知能と「動かす」ことが得意な身体運動的知能が両方強いタイプは、「手を動かして単語を書きまくって覚える。単語帳を1ページずつ、全部覚えられたらそのページを破いて捨てる。全部なくなったらまた新しいのを買い直し、3〜4冊つぶす」といった方法を選んでいますし、論理・数学的知能が強いタイプは、「接頭辞や語源といったパーツに注目してそのニュアンスを推測し、芋づる式に単語を覚える」という語源学習で進めています。

あるいは空間的知能が強ければ、ビジュアルやイメージとして単語を捉えるのが向いているので、「毎日単語帳1冊全部をざっと眺める」「覚えにくい単語はGoogleの画像検索で出てきた絵のイメージで覚える」。言語的知能と空間的知能の組み合わせなら、「自分の周囲にあるものに英語を書いた付箋を貼っていくように覚える」「身近なヒトやモノで印象深い例文をつくる」といった方法が有効のようです。

ただし、第二言語習得の専門家である立教大学異文化コミュニケーション学部の中田達也准教授によると、こうしたさまざまな英単語の学習法には一長一短があり、ひとつの方法だけでは使用できる単語に制限があったり、深い語彙知識が得られなかったり、視覚的な勉強だけでは音の練習が足りず、聴覚型だと単語の綴りが身につかなかったりするなど、「あらゆる語彙のあらゆる知識を結果的に習得できるような完璧な学習法は存在しない」といいます。自分にフィットする方法を活かしつつ、それでカバーしきれない部分は別の方法で補っていく必要があることは知っておくといいでしょう。

なお、取材を通じてほぼ全員が使っていた単語集は『ＴＯＥＦＬテスト英単語３８００』でした。ただ、いきなりこの単語集から始めるのはハードルが高いため、最初は英検の単語集から始めて、ステップアップしていくという方法もありました。通常の学校の進度よりは速くなるものの、中学卒業時に2級を目標にして段階的に単語集を進めていき、高校に入って準1級といった具合に単語のレベルを上げていくやり方です。これなら英語が苦手でも低めのハードルから始められるので、達成感が得やすい上に、重要な頻出単語からしっかりと身につけることができます。

また、学校で頻繁に行われる単語テストも、「語彙力は英語の伸び代なので、学校の単語テストは語彙力を強制的に上げてくれるという意味で活用する価値あり」と評価する声もありました。

言うまでもなく、4技能全てに単語力は必須です。方法は一人ひとり違っても、共通しているのは毎日触れること。使わないものはどんどん忘れていくので、自分にフィットした方法で毎日なるべくたくさんの単語に触れ、それを繰り返すことが王道といえるでしょう。

④文法の「型」をマスターする

単語力と並んで重要なのは文法です。ただし勉強法については、いわゆるSやVといった「型」を叩き込んでいく派と、文章を読みながらつかんでいく派に二分されます。

先の「多重知能理論」でいうと、論理・数学的知能が強いタイプは前者で、もう少し感覚的なタイプは後者なのかもしれません。

前者の場合は『スクランブル英文法・語法 Basic』『スクランブル英文法・語法』といった学校で使う基本的な文法書を使ってルールを理解する、後者の場合は学校の教科書の文章を丸暗記しながら法則性を身につけていくという方法です。

これはどちらが自分にフィットするか、両方試してみるしかないようですが、どちらかというと後者の方法で基本の文法を理解していくケースが多数派でした。教科書についているＣＤを活用し、文章や例文など、教科書の隅から隅まで何十回も聞いたり、音読をしたりしながら丸暗記してしまう習慣によって、

「英語を英語のまま理解する力」「頭でいちいち文型を分析して考えなくても話したり書いたりできる力」が伸ばせるといいます。

この点について、先の中田准教授は、「文法知識を身につけるためには、文法ドリルや英文解釈以外に、実際に文脈の中でインプットに大量に触れることが欠かせない。文構造を分析しながら読解すること（＝英文解釈）は、文法ルールを理解するのに役立つが、実際のコミュニケーションで文法を使いこなすためには、文法を理解するだけでなく、文法を『感覚的に身につける』ことが必要だ」と述べています。

おそらく最初は「型」を叩き込むタイプも、その後さらに英語力を上げていくには、たくさんのインプットに触れることで感覚的な使い方を身につけているはずです。

文法学習について特筆すべきは、彼らが学校の教材を活用している点です。音読、音声を聞きながら一文ずつ止めて書きとめる練習（ディクテーション）、教科書を見ないで聞こえてくる音声のすぐ後を追いかけるように復唱する練習

（シャドーイング）、音声の速度を速めて聞く練習など、学校の教材をさまざまな練習法で「使い倒す」ことで英語の基礎体力をしっかりと身につけているのです。単語と文法はいわば筋トレのようなものであり、英語学習で最も根幹となる部分だといえるでしょう。

⑤独り言でも英語を話す

　留学するにあたっては、スピーキングのテストをクリアしなくてはいけません。スピーキングが苦手だからといってスコアが0点というわけにはいかないですし、そもそも海外の大学に入学したら四六時中英語でコミュニケーションを取ることになるのですから、スピーキング力の強化は避けては通れません。

　一方で、日本の中学・高校の授業ではスピーキングは後回しにされがちです。というのも、入試にスピーキングのテストが課されることはほとんどないからで、教員も生徒も、英語の学習はどうしても読解が中心になってしまいます。

　ところが今回のインタビューでは、優先度が最も低く見られがちなスピーキングを英語を始めた頃から続けていたという人が意外と多いことがわかりました。どういう手段で実践していたかというと、1つ目は「英会話」です。

「小学校2年生から中1まで近所のECCジュニアに通っていた。毎週待ちきれないくらい英会話をやるのが楽しくて、そこで正しい発音やベーシックな会話力が身についたからか、中学からは英語が得意科目になった」（幸田さん）

「中学時代、あまり勉強という意識はなく、ただ日常生活の中でなるべく英語に関わる時間を増やしたいと思い、Hello Talk というアプリを使っていた」（今井さん）

「DMM英会話を中学校に入ってからずっと続けていた。日本人は英語のスピーキングを敬遠しやすいが、英語力を高めるには実際に話してみるのが一番取り掛かりやすい。学校の勉強と並行して、実際に使う経験を積み重ねると英語が入ってきやすくなった」（松野さん）

といったコメントにあるように、英語を話すことをためらわないマインドセットを比較的早い段階から身につけておくことは、スピーキング以外の技能を伸ばす上でも有効といえそうです。

そして、もうひとつの実践法は「独り言」です。通学時や家の近所を歩きながら、あるいは寝る前など、身近な出来事に英語で意見や感想を言ったり、目についたものを逐一英語に訳したり、目の前で何が起きているかを英語で実況中継したり、英語でぶつぶつ自分に向かって話すというものです。

果たして独り言に効果があるのか疑問に感じるところですが、第二言語習得の専門家である群馬県立女子大学の神谷《かみや》信廣《のぶひろ》教授によれば、「聞き手がいない状態で英語を話してもスピーキング力が上がることは、日本人の英語学習者を対象に行われた研究でも示されている」とのことです。

また、独り言の延長として、TED Talks や YouTube などで自分の好きなテーマや推しの俳優などが話している動画を英語字幕で見ながら繰り返し一緒に音読したり、字幕を消してシャドーイング（音声のすぐ後を追いかけるように復唱する）したりすることで、動画に出てきた文法や表現が自分でもスラスラと使えるようになるという意見も多く見受けられました。

神谷教授もスピーキング練習には英語字幕のついた動画教材を勧めており、英語の短い表現のまとまりである「チャンク」を増やすことがスキルアップのコツだ、としています。話をたくさん聞いたり読んだりする中で、よく出てくるフレーズをひとつのかたまりのようにして覚えていくと、文をゼロから作るより脳に負荷がかからなくて済むため、流暢に話せるようになっていくのだそうです。

⑥日常を英語に浸す

英語「を」学ぶのではなく、英語「で」学ぶ。日常を母語でない第二言語に浸す教育をイマージョン教育と呼び、日本でも国語以外の科目を英語で教える英語イマージョン教育が注目されています。

今回の取材でも、全員が意識的に「毎日なるべく自分を英語に浸すことを心がけていた」と話していました。

「スマホやSNS、ウェブ検索の言語設定を日本語から英語に変える」「登下校中にポッドキャストで英語の番組を聞く。わからない単語やフレーズがたくさんあっても挫けずに聞き続ける」「自分の興味あるテーマでTED Talksや英語の動画をよく見るようにする」「ＮＨＫラジオを聞く」「英語で日記を書く」「好きな音楽の歌詞を聴きながら書きとる」といったように、机に向かう勉強以外でもなるべく英語に触れる習慣を身につけていたようです。

前の項目ですでにご紹介した、単語集を毎日繰り返しチェックしたり、教科書を丸暗記して音読したり、英語で独り言を話す習慣も浸すための一環ですが、その他にも日常生活の中に少しでも英語を組み込む努力をしていたことがうかがえます。

一方、読む習慣については、洋書の多読をやっていた人もいたものの、忙しくてそこまで手が回らなかったという人も少なくありませんでした。むしろほとんどの人は、十分読み応えのあるＴＯＥＦＬやＳＡＴ（アメリカの大学進学のための標準テストで日本の共通テストに相当）の問題文や、教科書や学校で受ける模試の問題など、日々の英語学習で触れる文章をあえて丁寧に復習することで読む力が向上したといいます。

ちなみに第二言語習得の専門家で神戸市外国語大学外国語学部の濱田彰《あきら》准教授は、「多読は読むスピードを向上させる近道だが、テキストをもう一度読み直す『再読』も読むのに苦労した単語や構文が簡単に理解できるようになり、同様の効果がある。その際、あるテキストを10分間で読んだら、同じテキストを次は7分間で読むなど、時間制限を設けて早めていくとよい」としています。

加えて、大学選びや出願に必要な情報は日本語に訳されたものがあったとしても正確さに欠けたり、最新ではなかったりします。そのため、1次情報を得るには自分で調べるしかなく、図らずも多くの人がその作業でも読む力が鍛えられたようです。

第二言語習得の専門家の間では「外国語習得におけるインプットの重要性を否定する研究者はいない」という通り、彼らの「目に入る英語は全部、単語や宿題の文章もなんでも、ひとつひとつを頭で考えるのではなく、体で感じて取り込んでいく」(船田さん)という日常の過ごし方は、インプットをシャワーのように浴びている状態を自らつくり出しているのです。

⑦ググる力を身につける

今回の取材で最も世代間のギャップを感じたのがこの〝ググる〟力です。「Twitter, Instagram, YouTubeなどでググれば全部必要な情報が出てくるのに、それを知らない人が結構多い」という意見が数多く聞かれました。

「ネット上には王道の勉強法や試験の攻略法がたくさん出ていて参考になった。特にTOEFLのライティングとスピーキングでは、実際に点数が上がった人が紹介しているテンプレートも積極的に試してみた。成功体験をググることで、自分にも同じ道をたどればできると思える自信が得られた」（Kさん）

「まずはググって、自分にどういう勉強法が合うのかを探す時間をつくることが大事。誰かが勧めている方法で自分の英語力が必ず伸びる保証はない。自分は検索して良さそうだと感じた方法を1週間試してみて、自分に合っているかを確かめた。結果、文法はAtsueigoというYouTuberが勧めていた参考書を使ったり、スピーキングはHello Talkというアプリを使ったり、自分にとって効率的な勉強法を見つけることができたが、それが誰にでも向いているかどうかはわからない」（今井さん）

確かにここ数年間、海外大学に進学した人たちの中で、YouTubeで勉強法を紹介したり、SNSで大学生活の様子を伝えたりするなど、積極的に発信している人が増えています。

一昔前までは、こうした情報は都心部の一部の学校や塾に通う人の間に限られ、情報の格差があったことは否めませんが、今は直接知り合いではなくてもダイレクトメッセージを送り、質問したり相談できたりするようになりました。ところがこの点については、「ググってわかることを気軽に聞いてくる人がたくさんいる。それをググれないようなら、海外の大学受験は遠いと思う」といった厳しい指摘もありました。

立教大学外国語教育研究センターの新多了《にったりょう》教授は、英語を身につけるために一番大事なこととして「主体的に取り組む姿勢」を挙げています。具体的には、学習者自らが決断する力もそのひとつであり、そのためには自分自身を省みる内省力が重要だといいます。

自分に必要な情報を誰かに依存するのではなく、自分で汗をかいて自力で探しにいく力、そしてそれを試し、振り返り、自分に合うかどうか確かめる力は、英語力向上に欠かせない素質だといえそうです。

⑧やり抜く力（GRIT）

英語力という点では圧倒的に不利な、母語ではない第二言語での海外大学への挑戦。英語に関しては、日本のトップ大学の入試よりもさらに高いレベルで、しかも4技能すべてを磨かなければいけないという状況は、最初の関門としてはハードすぎると言ってもいいでしょう。英語のテストも、出願に求められるエッセイ（小論文）も、そう簡単に目指すレベルには仕上がりません。何十回と練習したり、書き直したりすることにも挫けない粘り強さと情熱、やり抜く力（GRIT）が求められるのです。

そもそも、出願の段階から、必要な情報は自分で大学にコンタクトを取ってコミュニケーションをとる力が求められます。例えば学校の成績の付け方や奨学金について、あるいは求められている出願書類が日本の高校では対応しきれないケースなど、一筋縄ではいかない問題がしょっちゅう発生するので、その都度、頼みごとや交渉ごとを自分で全て背負わなければいけません。もちろん、専門のエージェントにお任せする方法もあるとは思いますが、むしろ今回のインタビューでは、「この逆境も成長の機会だと捉えて乗り越えたら、英語が上達した」と答えてくれた人が少なくありませんでした。

カナダのアルバータ大学の研究者2名が、移民や留学生など2163名の大学生を調査した研究では、自分の能力は努力によって高められると信じ、失敗や困難な状況をチャレンジだと前向きに捉えるマインドセット（これを「グロースマインドセット」＝growth mindsetと呼びます）を持つ学生は、より高い英語力を身につけることがわかっています。

少人数制で学部教育に力を入れるアメリカのリベラルアーツ大学を経て

イェール大学院を卒業した砂山朋美さんは、幼い頃母親からよく、「別にまちがえることは悪いことじゃないんだよ」と言われていたそうです。

「中学では文法知識がこんがらがってしまって、英語が苦手でした。でもテストで良い点数が取れなくても、私の母は『間違えたところを見直してできるようになればいい』といつも言ってくれたんです。けして結果で評価することはなく、失敗もいい経験だと言ってくれる親だったから、物理学者になりたいとかアメリカに行きたいとか、ハードルが高い進路選択でも情熱を失わず、粘り強く前向きにやっていけたのかなって思います」

こうした数値では測れない粘り強さや、失敗してもめげない前向きさが第二言語習得とどう関係するかの研究は始まったばかりのようです。この点については第2章で脳神経科学の知見から専門家の青砥瑞人《あおとみずと》さんにも詳しく伺っていますが、今回のインタビューやこれまでの取材を通じて多くの海外大生の話を聞く限り、英語力向上に大きく影響しているのではないかと感じています。

実際にどう英語を勉強したのか　４名の体験談

ここからは、実際にどうやって英語を勉強したのか4名の方の体験談を紹介したいと思います。お1人目は、新潟県立国際情報高校からニューヨーク州立大学ジェネセオ校に進学した坂内佑太朗さん。坂内さんの大学は、ニューヨーク州立大学グループのひとつで、ニューヨーク州西部のジェネセオという学園都市にある学部教育の評価が高い全寮制のリベラルアーツ大学です。

中学を卒業するまで、僕が英語に触れる機会は、学校の授業のみでした。初めての海外経験は、中学3年時に市の海外派遣事業で訪れたロシア・コムソモリスク・ナ・アムーレ市です。また、海外の大学に進学するという選択肢を知ったのは、海外大学進学コースが新設予定だった県立国際情報高校の説明会でした。

高校は推薦入学で、入学前には英検を受けた経験もありませんでした。高校の同級生には帰国子女や英語が得意な生徒も多く、入学時の英語力は初級レベルからのスタートでした。高校１年生の時、学校でＴＯＥＦＬの模試を受けたところ、英単語が全く理解できず、学校で配られた『ＴＯＥＦＬテスト英単語３８００』を開いてみました。しかし、案の定、その単語集でさえハードルが高く、まずは英検の単語集から始めました。紙が真っ黒になるまで、泥臭く単語集の余白に書いて体に覚え込ませ、覚えたページを１枚ずつ切り捨てていきました。結果的に、買い直した単語集は３～４冊になりました。

しかし、高校２年生の４月に初めて受けたＴＯＥＦＬは39点。そこから数年分の過去問のリーディングセクションに集中的に取り組み、見たことのない単語は徹底的に辞書で意味を調べ、何度も繰り返し読んで内容を頭に叩き込みました。全てのセクションにおいて、単語力が基本だと考え、問題文や解説も一言一句読み込みました。しかし、半年後の秋に再受験したものの、まだ海外大学への出願の目安である80点の壁は越えられませんでした。

高校3年生の時は、ライティングを強化。文章を綴ること自体は得意だったので、ライティングの問題に対する解答をまず日本語で書きました。そして、ひたすら覚え込んできた英単語を駆使しながら、英文に翻訳するというサイクルをこなしました。特に、「転換語」と言われる、論旨の流れを明確にするフレーズ（「例えば」「〜に加えて」「〜であるのに対し」「〜と同様に」など）を重点的に暗記したことによって、伝わりやすく、説得力のある文章を書けるようになりました。

また、週1回、午後は海外大学進学コースでは全ての授業が英語で行われ、さらに放課後は毎日、学校のＡＬＴ（外国語指導助手）と英語で話せる機会があったので、苦手なスピーキングはそうした時間を活かして補強し、最終的には80点の壁を突破することができました。

大学に入学してからは、スポーツで一緒に汗を流す仲間との交流や、授業がわからなくて通い詰めたオフィスアワー（教員のオフィスに質問や相談に行ける時間）での教授との対話などを通じて、徐々に意思疎通ができるようになっていきました。英会話が苦手だった分、幼い頃から得意だったスポーツや合唱など、言葉を交わさずとも現地の生徒と交流できる方法に知恵を絞りながら、授業にもクラブにも打ち込んできたことで生きた英語が身についたと思います。

両親ともに郵便局員で、英語は全く話せず、海外へ進学するにあたり、両親から進学先については何も言われなかったのがありがたかったです。親に下心があると子どもに伝わって、かわいそうかなと思います。

例えば、新潟には海外からスキー客がたくさんやってきます。リフトで隣同士になった人と会話が生まれたり、海外から来たゲスト向けのレッスンに入ったりすることもできます。お互いに「スキーが好き」という感情を共有できれば、「この人と仲良くなりたい。じゃあ英語で話しかけてみよう」という気持ちが自然と湧き上がってくると思います。

そうやって、子どもが好きなものをきっかけに英語での楽しい原体験をつくってあげたら、子どもの英語学習は自走するのではないかなと思います。英語よりも先に、子どもが何を好きなのか、何に夢中になっているかを見つけること。それを切り口に、子どもが喜ぶ形で英語に触れさせてあげてほしいです。

最後に、海外大学への進学は学力も英語力もトップレベルの上澄みが、さらなる上を目指していくような、マッチョ系なイメージを持たれがちですが、僕はそんなことはないと思っています。ハーバードやイェールのようなトップ大学でなければ、田舎から上京するぐらいの覚悟で、僕のようにずっと公立育ちで、中学から学校で英語を学び始め、普通に部活にも専念し、特に大きく何かに秀でていなくても実現できる進路なので、臆せずチャレンジしてほしいです。

ちなみに僕が行った大学は、州立大学で比較的学費が安い上、大学から奨学金も出たため、1年間の学費は地方から都心の私立大学へ入学し、下宿しながら通う場合と同等の金額（年間260〜270万円）でした。

お2人目は、新潟県立燕《つばめ》中等教育学校からディアブロバレーカレッジ（以下DVC）というコミュニティカレッジを経てカリフォルニア大学バークレー校（以下UCB）に編入した幸田優衣さんです。コミュニティカレッジとは、アメリカで地域住民のために教育機会を提供する場として設立された公立の2年制の大学ですが、4年制大学への編入を目指し、大学1～2年生相当の教育を手頃な学費で受けることもできるので、多くの留学生も通っています。

幸田さんはDVCで優秀な成績を収め、世界大学ランキングトップ10に入る最難関のUCBへ編入学を果たしました。

私の実家は新潟の小さな町の居酒屋です。父は中卒、母は高卒で、親族に大学へ進学した人が1人もいない家庭環境で育ちました。

初めて海外と接点を持ったのは、小学2年生から遊び感覚で通い始めたECCジュニアの教室です。英語の歌をうたったり、海外の生活習慣を教わったり、ポスターや教材から垣間見える異国情緒にワクワクが止まらず、週に1回の教室が楽しくて仕方がありませんでした。

県立の中高一貫校に入ったのも、そこでオーストラリア研修があったからです。両親はパスポートを持ったこともなかったので、小学生だった当時の私にとっては、「この学校に入らなかったら一生海外に行けないかもしれない」くらいの気持ちでした。

ECCジュニアは中学入学を機にやめてしまいましたが、そのおかげで、中学に入ってからは英語が得意科目になりました。

高2の夏、念願のオーストラリア研修に加えて、外務省のプログラムで2週間アメリカにも行くことができ、人生観がガラリと変わりました。それまで受けていた日本の教育は、決められた範囲で与えられたことを覚えていくだけですごくつまらないと感じていたのに、現地で受けた授業ではみんなが自由に疑問をぶつけたり、意見を述べ合ったり、枠をどんどん越えていく感じがものすごく刺激的でした。当初は、交換留学制度のある日本の大学へ行くことを考えましたが、やはり海外大学へ直接進学するという、あえて険しい道を進むことでもっと自分を成長させたいという気持ちが高まりました。

でも、当時の私の英語力はというと、学校の勉強しかしておらず、英検2級程度でした。

そこで高2の冬から、ベネッセのグローバルラーニングセンター（以下GLC）というところでTOEFL対策講座を受けることにしました。GLCはオンライン授業で、全国で同じクオリティのTOEFL対策が受けられるので、地方在住者にとってはとてもありがたい存在でした。

GLCの授業では、クラスメイトとのレベルの差に苦しみました。都心の学校に通う子たちは皆、当たり前のように夏休みにはホームステイをしたり、現地校で勉強したりと経験豊富で、スピーキングやリスニング、ライティングなど、学校の授業ではあまり扱わないところで自分のレベルの低さを思い知らされました。正直、授業に出席するのはとても辛く感じるくらいでした。

一番肝心だと思ったのは、単語力です。とにかく知らない単語を潰そうと思い、『TOEFLテスト英単語3800』という単語集を「汚く使おう！」と決めました。「自分はこれだけ頑張っているんだから大丈夫」と自分に言い聞かせるためでもあり、それでモチベーションを上げていきました。

今、振り返ると、周りのレベルが高かったことで自分も引き上げられたのだと思います。彼らがTOEFL100点超えを当たり前のように目指して頑張っているのを見て、私は彼らの何倍も努力しないと追いつけないんだという危機感を持つことができました。そのおかげで、受験料が高くて1回しか受けられなかったTOEFLで、アメリカの大学の授業について行くために必要とされる80点の壁を越えることができたのです。

私がコミュニティカレッジからUCBへの編入を目指したのは、次の2つの理由からです。

1つ目は経済的な理由から。その頃の私は奨学金に関する情報を全く持ち合わせておらず、ＵＣＢの学費はローンを借りるつもりでしたが、当時の1年間の学費は約５００万円。これに生活費が上乗せされるので、４年間フルに自己負担するのは到底無理でした。一方でコミュニティカレッジは、1年間で約60万円＋生活費だったので、最初の2年間は学費がかなり節約できました。

2つ目は準備期間の短さです。最も憧れていたＵＣＢは全米でも最難関なので、高2の冬からの準備ではとても間に合わないと判断しました。ＧＬＣの人から、ＤＶＣは入りやすい上、ＵＣＢへの編入者が多いと聞いたので、私もそのルートを目指そうと思ったのです。

コミュニティカレッジで必要とされるＴＯＥＦＬのスコアはさほど高くはないのですが、ＤＶＣでは入学時からオールＡを取らないとＵＣＢには編入できないため、なるべく早いうちに英語力を上げておきたいと思い、ＴＯＥＦＬ対策には力を入れました。

それでも、大学入学後は英語力が足りず、苦労は続きました。コミュニティカレッジではクラスのディスカッションになかなか入れず、無事にUCBへ編入後も、リーディングの課題が膨大で、現地の学生と比べると何倍も時間がかかるわりに理解度が低く、「念願だった社会学を勉強するためにこっちにきたのに、本当に学びの質を重視するなら日本語で学んだ方がよかったんじゃないか」と思う瞬間が何度もありました。

けれど、わからないことをわからないといえば説明してくれる。説明してくれれば私も理解度が上がり、英語力が上がっていく。今の英語力は実際にアメリカで4年間、それを繰り返し積み重ねたからこそ身についたものです。そして、その英語力のおかげで今、コンサルティングファームでの仕事でも1年目からチャンスに恵まれ、多様な人たちとのコミュニケーションの機会や情報収集の幅が大きく広がったと実感しています。

子どもは「英語ができないと将来食べていけないよ」なんて脅されても、興味がなければ全然ピンときません。その先に得られる経験は子どもにはわからないので、英語が単なる受験勉強のためだけになってしまうと、モチベーションは上がりにくいです。

私は海外とは無縁な環境でしたが、ＥＣＣジュニアの教室で目にするポスターやパンフレットを見ては憧れ、いつかこんなところに行ってみたいという夢を持つことができました。

英語を学ぶモチベーションは、「英語ができると楽しい」「英語ができたらこんな世界があるんだ」という、身近で楽しい疑似体験が入り口となって生まれてくるのではないでしょうか。


３人目は、大阪府立高校からオランダのデルフト工科大学に進学した橋本七海さんです。橋本さんの大学はオランダの国立大学で、ノーベル賞受賞者を輩出するなど学術分野で評価が高い、世界トップレベルの名門校です。全体の学生の半数近くが国外からの留学生で、授業は全て英語で行われています。

英語圏の大学とは違い、ヨーロッパの大学は学費が比較的リーズナブルで、橋本さんの大学は年間約１万ユーロ（１４５万円）です。橋本さんはＪＡＳＳ

O（日本学生支援機構）の海外留学支援制度で給付型の奨学金を得ているため、学費に加えて寮費や生活費まで全て奨学金で賄えており、実質負担はほぼゼロとのことです。

私が最初に海外の大学を考え始めたのは高1の夏です。大阪の公立高校に通っていましたが、学校主催の短期交換留学に抽選で選ばれ、行き先のオーストラリアで美しく広々とした州立大学のキャンパスを見学し、直感的に「海外の大学に行きたい」と思うようになりました。幸運にも、学校の英語の先生が留学経験のある人で、海外の大学についてとても詳しく、私のように普通の公立高校からも海外の大学へ進学する人がいることを教えてくれました。

本気で目指そうと思ったのは、高2の夏に留学フェローシップ（以下留フェロ）のサマーキャンプに参加した時からです。留フェロとは、現役の海外大学生が高校生の海外大学進学を支援してくれる団体で、サマーキャンプでは実際に海外のさまざまな大学に通っている大学生や海外の大学を目指している全国の高校生と出会い、大きな刺激を受けました。私もそこで気持ちが固まり、本格的にＴＯＥＦＬの勉強を始めました。

まず、リーディングは、文法は学校の授業でカバーした上で、「たくさん読む」ことを意識しました。ＴＯＥＦＬのofficial guide（過去問）は問題を解いた後、音読をしながら知らない単語を辞書で調べ、答え合わせをしてからそのページを切り取って持ち歩き、何度も読み返したり、単語を覚えたりしました。これと並行して、進学先をどこにするか、たくさんの大学を調べる過程で英語のサイトを読み漁っていたので、読むスピードが自然と上がっていきました。わからない単語があれば必ず辞書で調べて、後から移動中などの隙間時間に見返せるようノートに書き留めておきました。

単語については、私は日本の大学受験でも定番の『システム英単語』を愛用していました。さらに、その単語集についているＣＤを毎日の通学時に聞き、自分でもそのフレーズを言い直すことで、フレーズの中で単語を覚えるようにしていました。

次に、リスニングでは、以下の4つのステップを心がけました。

①ディクテーション：一文ずつ止めて書き起こす。

②オーバーラッピング：目の前にある英文を、ネイティブの音声を聞きながら、ネイティブのスピードで一緒に読み上げる。

③シャドーイング：英文を見ないで、流れている音声を追いかけるように復唱する。「聞く（インプット）」と「話す（アウトプット）」を同時に行う。

④ファストリスニング：①〜③まで終えた教材を、1.2倍〜1.3倍ぐらいで聞く。

学校の教材でCDがついているものは全て②〜④をじっくりやっていたら、「知らない単語以外は頭の中で文字になる」と思えるようになりました。

②と③の間には、バックトランスレーションといって、目の前に外国人が

いると想定し、日本語訳を英語にするという練習をすることもありました。ＴＯＥＦＬの問題文でこれを全てやるのは難しく感じることもありましたが、学校の教科書を完璧にやり切るだけでも相当力が付きました。

学校やＴＯＥＦＬ教材に飽きてきたら、TED TalksやＭＯＯＣ（大学・高校レベルの授業を無料で受けられるオンラインサービス）で留学に向けて興味のある分野を見ると楽しいですし、個人的にはBBC Learning Englishの6 Minute Englishは、音声＆スクリプト＆カギとなる単語の意味が付いていて、短い時間に効率よく学べるのでオススメです。

スピーキングは、過去問のほかに、Ｚ会の『ＴＯＥＦＬ iＢＴ スピーキングのエッセンス』を使いました。自分の解答例を録音した上で、こうしたテキストやネット上に上がっている解答例を真似しながら、テンプレートをつくるようにしました。また、通学時に、最近あったことや目についたものについて英語で話しながら歩くというのもいい練習になったと思います。

ライティングは、慣れるまでは時間制限なしで、自分が納得のいく解答をつくる練習をしました。書いた文章はネイティブの先生に見てもらうようにし、過去問の解答例やネット上にあるテンプレートを参考に、ブラッシュアップしていきました。ライティングはロジックに一貫性がないと大きく減点される印象があるので、普段から自分の意見とその理由を言語化する練習をしておくことが必要だと思います。

スピーキングとライティングは、ネット上に得点できるテンプレートがたくさん上がっているので、それを覚えて使えるようにしておくといいです。

私の大学ではTOEFLで90点以上が必要でしたが、私のように高校1年の頃は公立高校で平均くらいだった英語力でも、この勉強法を約2年近く続けて90点以上取れるようになりました。だから、高校に入ってから海外の大学に行きたいと思っても、けして遅すぎることはないはずです。

留学してから気付いたのは、英語を使う環境に飛び込めば自動的に英語ができるようになるわけじゃないということ。わからないことがあれば調べて、地道に練習をしてこそ、初めて身につきます。留学すると、その練習の機会が格段に増える分、英語力が伸びていくのです。英語の勉強は、自分自身が学びたいと思わないと続きません。だからこそ、子どもたちには、英語を好きになるきっかけをつくってあげることが大事かなと思います。

最後は、茨城県立日立第一高等学校からハーバード大学に進学した松野知紀さんです。日本の公立高校からハーバード大学に合格とは、幼少期に海外経験があったか、あるいは何か特別な英才教育を受けてきたのではと思われがちですが、松野さんの中学時代を知る恩師は、「英語がずば抜けて優秀だったという印象はない」と当時の様子を語っています。松野さんは一体どのようにして、ハーバードに合格するほどの英語力を身につけていったのでしょうか。

5歳の時から週に1回、近所で外国人が教えているこぢんまりした英会話教室に通っていたのですが、先生が親しみやすく、遊びに行っていたようなもので、英語は全く身についていませんでした。6年生が終わる頃、父親の勧めで受けた英検5級（中学1年生レベルだが、小学生でも合格できる難易度）は、合格点ギリギリでなんとか合格できたレベルでした。6年間もやってきたなら余裕で受かるはずなんですけど、ものすごく苦労した記憶しかなくて。

英語力はそんな状態で中学に入ったのですが、ALT（外国語指導助手）の先生と会話をするようになって英会話が楽しくなり、DMM英会話というオンラインのマンツーマンレッスンを受けるようになりました。25分のレッスンを毎日受けられて、当時は月謝が3000円くらいだったと思います。DMM英会話には「レッスンノート」という、授業後に講師がレッスン内容をまとめてくれるサービスがあり、それを全てプリントアウトし、その日に使ったフレーズや単語を復習していました。

つまり、僕の英語学習は、文法はあまりわかっていない状態のまま、スピーキングから入っていったことになります。日本ではスピーキングは最後の完成形のように捉える人が多いかもしれませんが、僕の場合は全く逆で、英語を「使う」ことの積み重ねで力をつけていった感じです。

学校の英語の先生もユニークな授業をする人で、授業中は教科書を全然やらないで映画を見せるとか、自分でオリジナルの教材を持ち込んでいました。もし、その授業が硬派な普通の授業だったら英語に興味を持たなかったと思うので、僕にはとても合っていたと思います。

そうやって「英語で話す力を試してみたい」という思いがどんどん膨らんでいき、高校では英語部に入りました。でもそこは別称「お菓子部」で、みんなでお菓子を食べるだけの部活でした（笑）。それを僕がディベート部に変え、主将としてチャンスを開拓していきました。

高校1年の夏には、茨城県教育委員会が主催する「次世代グローバルリーダー育成プログラム（NGGL）」、その2月には「模擬G20サミット」に参加し、ついに高校2年の5月には、G20サミットの公式付属会議である「Youth 20サミット」に日本代表として参加することができました。

ちょうどコロナ禍の前で海外にも行けたので、こうした課外活動であちこち飛び回っているうちに英語を使う機会がものすごく多くて、当時は毎日留学していたような状態だったといえるかもしれません。

ただ、課外活動にのめり込み過ぎて、海外大学進学のために必要なTOEFLの準備を全くしていないまま高3になり、5月に初めて受けた時は89点でした。出願まで半年しかない時期にこの点数だと、一般的にハーバードを目指すのはほぼ不可能なレベルです。

でも、ちょうどその頃コロナ禍で学校の授業が全てオンラインになり、自宅で集中して勉強する時間ができたので、BestMyTest.comというサイトでTOEFLの模擬テストをひたすら解きまくりました。10月には100点以上を取ることができ、無事に出願に漕ぎ着けました。

留学前は、私と同じように海外経験がなく、日本の高校からハーバード大学に行った日本人の先輩方から「最初は英語で苦労した」という話を聞いていたので身構えていたのですが、僕は1年目でも思いのほかスムーズに適応でき、特段苦労した経験はなかったです。英語で話す力を鍛えておくと、留学後の大きな支えになると思います。

帰国子女でもなく、日本の普通の学校に通い、英語力を伸ばすにはけして有利とはいえない環境でしたが、海外の大学で学ぶ中で、日本で生まれ育ち、日本で教育を受けてきたことは自分の強みだと感じています。

英語力はもちろん必要なのですが、日本の初・中等教育は世界的に見てもかなり完成されていて、十分競争力があります。

また、ディスカッションをする時でも、多様な視点というのは、各々が自分の育った環境や文化、アイデンティティがあって初めて成立するものです。自分に日本人としてのアイデンティティがあり、その視点から意見が言えるというのは、とても貴重なことだと思っています。

英語に関しては、最初の頃に嫌なことがあると一生響くような気がします。僕のように、小さな頃にはテストで測れるような力が身につかなくても、「英語は楽しい」という記憶がずっと残っていれば、長い目で見ればうまくいくんじゃないかな、と。だから、親が勉強を強制したり、好きなことの邪魔をしたりして、子どもを英語嫌いにしないことが大切なのではないかなと思います。

小中高と日本の学校で教育を受けることのメリット

日本の学校に通いながら苦労して英語を身につけるくらいなら、早くから留学してしまうか、インターナショナルスクールに通った方がよいのではないかと考える方もいるでしょう。

最近、イギリスの名門校として知られるハロウ校が開校し、ラグビー校やマルバーンカレッジの分校をはじめ、日本に新たなインターナショナルスクールが続々と開校予定ですが、学費がかなり高額のため、一般家庭の選択肢としてはあまり現実的とはいえません。また、日本のインターナショナルスクールにはまだまだ「質・実績に優れたトップ校が少ない」という課題を指摘する声もあります。

では、日本の学校教育はダメなのかというと、確かに英語力の面では「英語漬け」にはなれないという点では不利なのですが、それを除けば国際比較のデータを見る限り、実は世界的に見た評価はけして悲観するものではありません。

ＰＩＳＡと呼ばれる、ＯＥＣＤによって世界の79カ国・地域が参加して行われる15歳児を対象とした学習到達度調査（２０１８年）では、日本は数学的リテラシーが6位、科学的リテラシーが5位と、依然として世界でトップクラスをキープしています。読解力は、前回の8位から15位と残念ながら順位を下げてしまいましたが、海外との比較で見ると日本人は特に理数系で優れていると言えるのです。

アメリカ版大学共通テストであるＳＡＴは、英語（English）と数学（Math）がそれぞれ８００点満点ですが、日本人は学校で数学があまり得意ではなくても、このテストではかなり高いスコアが取れます。

高校まで日本で教育を受け、MIT（マサチューセッツ工科大学）を卒業した起業家の前田智大《ともひろ》さんは「リセマム」のインタビューで、「アメリカの大学に入って一番驚いたのは、理系のトップスクールであるMITですら、学生の学力はそんなに高くはないということ。日本の理系の高校生であれば、一般的な模試の偏差値で50くらいの学力ならMIT入学時に十分通用するレベル」といっています（ただしMITの学生は、そこから4年間かけてものすごく伸びて、社会で活躍する人材に成長していくのだそうです）。

また、ハーバード大学の松野さんもアイデンティティについて触れていましたが、バイリンガル教育に精通する早稲田大学の原田哲男教授は、「英語や英語に付随する文化のみしか触れられない環境だと、結果的にモノリンガルの思考になる危機がある。英語は〝killer language〟（キラー言語）とも呼ばれ、他の言語を排除してしまうような危険な面も持ち合わせていることを忘れないでほしい。アメリカは移民が多く、多民族・多文化社会にもかかわらず、多くの人が巨大言語である英語にシフトし、〝language graveyard〟（言語の墓場）

とさえ言われて、自分の文化や言語を失っている。日本語と日本文化を十分に理解したバイリンガルの育成が大事だ」と述べています。

経済的な理由から留学やインターナショナルスクールへ通うことが難しくても、英語力はこの章でご紹介した秘訣を実践しながら、こうした日本の学校教育の利点も享受していければ、日本の子どもたちも海外の大学で通用する力が十分に養えるのです。

コラム　英語はいつから始めるべき？

加速化する英語教育の低年齢化

コロナ禍により留学者数は激減したものの、小学校以下の英検受検者を２０２１年度実施分の志願者数（２０２１年4月1日～２０２２年3月31日）で見ると、この5年間で最も多い数となっています。

子どもの習い事メディア「SUKU × SUKU（スクスク）」が行った人気の習い事に関するアンケートによれば、英語はスイミングに次いで第2位。小学校入学前から始めている子どもは3人に1人の割合となっています。

英語教育を取り入れる保育園・幼稚園のほか、近年では英語で保育を行うインターナショナルプリスクールも台頭しています。中には0歳児クラスや、妊婦を対象とした英語教育もあるようです。

英語教育に低年齢から関心が集まる背景としては、小学校で２０２０年4月から外国語（英語）の授業が3・4年生を対象に必修化され、5・6年生では成績のつく教科になったこと。幼児期の子どもを育てる保護者の中に、「自分が英語を全く話せないから、わが子には同じ思いをさせたくない」「将来に役立つ英語を身につけさせたい」といった願望が根強いことが挙げられます。

幼児期ならではの強みとは？

英語を習得するにあたっては、子どもには大人より優れている力があります。児童英語教育と第二言語習得に詳しい上智大学短期大学部の狩野晶子教授によると、子どもが大人より優れている力は次の4つだといいます（『子育てベスト100』）。

①音声を敏感に聞き取る力
子どもは音への感受性が豊かです。幼いほど聞く力に長けており、動物や虫の鳴き声を真似たり、アニメのキャラクターのモノマネをするのも上手です。

②音のかたまりを丸ごと処理する力

ひたすらポケモンのキャラクターの名前を151匹唱え続ける「ポケモン言えるかな?」の歌など、子どもは意味がよくわからないものでも音のかたまりとして覚えてしまいます。

③くりかえしに耐える力

いつも同じ絵本を読みたがったり、気に入った動画を何度も見たり、子どもは同じことを何度もくりかえしてやりたがります。

④あいまいさに耐える力

子どもは全てを理解できなくても平気です。あいまいな理解でも、相手の表情や周りの状況から自分なりに文脈や意味を想像しながら、やりとりを進めていくことができます。

ここに挙げた4つの力は、言い方を変えれば「成長とともに失われていく力」です。幼児期だからこそ伸ばせる力を意識した働きかけは、将来英語力を伸ばすための土台になるといえるでしょう。

特に幼児期に伸びるのは、「聞く力」です。

言語学者の間では、子どもが言語を習得するメカニズムについてはまだはっきりとわからないことが多いようですが、第二言語であってもインプットによって音声、語彙、文法の自然な習得が進むという点についてはそれなりの信憑性が認められています。

狩野教授は、「小学校の間は、読み書きをかっちりさせるのではなく、意味のある英語を楽しくたくさん聞くことで、英語の音に慣れさせることが大事」だといいます。

個人差は大きいものの、2000から4000時間聞くと、ある程度英語で意味が取れる聞き取りの力が育つといわれていますが、学校の授業で週に1回1時間程度、英語に触れたとしても、年間で35時間。3500時間聞くには約100年もかかってしまうことになります。学校や英語教室だけに頼らず、毎日少しずつでも、家庭で英語を聞く機会をつくってあげることが効果的です。

早く始めないと「手遅れ」になるのか

となると、やはり「英語は早く始めないと身につかない」のでしょうか。

ケースウェスタンリザーブ大学認知科学科の言語学者である白井恭弘《やすひろ》教授によると、外国語学習がうまくいくかについて、「学習年齢が成否に強い影響を与えるということについては、研究者の間で意見が一致している」といいます（『外国語学習の科学』）。

ワシントン大学のパトリシア・クールらの研究によると、生後9ヶ月のアメリカ人の赤ちゃんに1回25分、4週間にわたって12回（計5時間）、中国語で絵本を読んだり、おもちゃで遊んだりしてあげる一方、もうひとつのグループには同じようなことを英語で行いました。

その結果、英語音の聞き取りには中国語を聞いたグループと英語を聞いたグループの間に差は見られませんでした。4週間でたった5時間ですから母語への影響力はさほど大きくないだろうと想像できますが、この研究で驚くのは、たった5時間で赤ちゃんが英語にない中国語の音を聞き分けられるようになったことです。乳幼児は世界の言語に存在するすべての音を区別することができると言われているように、幼い頃の外国語習得能力の高さには目を見張るものがあります。

では逆に、英語を習得するには早く始めないと「手遅れ」になってしまうのでしょうか。ある一定の時期を過ぎると言語の習得が難しくなるという「臨界期」説は、それが果たして実際に存在するのか、あるとすればそれが何歳くらいなのかについてはまだ合意はなく、今もあくまで仮説にすぎません。

むしろ、ペンシルバニア大学教育学大学院のバトラー後藤裕子教授は、外国語学習環境では「語彙や文法の習得などに関しては、ある程度認知機能の発達してきた小学校高学年あたりから始めたほうが、乳幼児期から始めるより、効率がいいことが実証されている」といっています（『英語学習は早いほど良いのか』）。

また、日頃使い慣れた母語ではない言葉で学ぶバイリンガル教育を早期から行うことについて、先の白井教授は、「うまくいけば、２つの言語を使いこなせるようになるが、学校にうまく適応できなかったり、外国語で教科を学ぶのでついていけずに落ちこぼれてしまったりすると、母語でも第二言語でも、学校の教科学習に必要とされるような複雑な言語使用ができなくなってしまう危険性がある」と指摘します。

アメリカ・イェール大学で助教授をつとめ、現在は英語塾「J PREP」の代表である斉藤淳《じゅん》氏もダイヤモンドオンラインの記事で、「子どもの見よう見まねで覚えた英語というのは、結局のところ、『子どもレベルの英語』である。そのままでは社会には適用しない」といい、英語教育を長期的な目線で捉えれば、一定の知性に裏打ちされた「大人の英語」をマスターすることが大切だと語っています。

幼児向けの英語教室などでは、「大きくなってからでは遅い」といった早期教育を煽る言葉を投げかけられるかもしれませんが、幼児期には「聞く力」は伸ばせるものの、「臨界期」についてはまだ仮説の域を出ていません。したがって今のところ、英語を学び始めるタイミングに「手遅れ」があるとはいい切れないのです。

幼少期から英語を学ぶ上で注意したいのは、親が焦らないこと、子ども自身が望んでいないにもかかわらず、英検のようなもので成果を求め過ぎないことです。子どもを早い段階で英語嫌いにさせないように、小さなうちは無理なく楽しめているかが大切です。「聞く力」に優れていることを意識しつつ、英語を通じて広がる楽しい世界に触れさせてあげること。それこそが将来、子どもの英語力を伸ばす上での揺るぎない基盤になっていくのです。

第2章　世界で使える英語は、どうすれば身につくのか

1章では、日本の学校で教育を受けながら海外大学への進学に必要な英語力をどうやって身につけるのかについて考察しました。ところが、日本を発つ前にそれなりの（日本の高校生の中ではかなり高いレベルの）英語力を身につけていたとはいえ、英語力が格段に上がったのは大学に入学してからというのが全員一致の回答でした。

2章では、彼らが留学後どのように英語力を伸ばしていったのか、そして彼らの英語力の伸ばし方をヒントに、教育学・脳科学の知見から、家庭で今日から実践できる英語力の土台づくりについても深掘りしていきます。

現地で感じた英語力の「壁」

日本にいながら現地の大学に入れるだけの英語力を身につけ、十分に備えていったつもりでも、入学後は必ずしも速やかに現地の環境に適応できたわけではなかったようです。インタビューでは、左記のような声が聞かれました。

「先生の話や、グループディスカッションでほかの学生たちが話していることについていけず、大きな壁を感じた」（幸田さん）

「チームのプロジェクトで『なんでお前だけ発言しないんだ』と言われて、『ここでは授業に参加しているだけじゃダメなんだ』と気付かされた」（小此木さん）

「授業は予習すればある程度内容はわかったが、カフェテリアとかでの雑談だとみんな早口で話すから聞き取れない。『どう思う？』って聞かれても答えられないし、みんなが笑っていても笑っている理由がわからず苦痛だった。雰囲気を壊してはいけないと思って静かにしていた」（砂山さん）

現地で新たに立ちはだかった英語力の「壁」。とりわけ「読む」「書く」については何とかやっていけても、「聞く」「話す」ことに苦労を感じ、中でも友人たちとの雑談についていけずに苦労したという声は、ここに挙げた以外にも数多く聞かれました。雑談のベースとなる文化的な前提知識がないこともあって、何を話しているのか理解しづらく、自分から話に入っていけないという状況に戸惑ったといいます。

言葉の「壁」を乗り越えるためのマインドセット

一方で注目すべきなのは、このような苦労を乗り越える上で、彼らが共通のマインドセットを持ち合わせていたことでした。マインドセットとは、物事を判断したり行動したりする際の考え方や思考パターンのことです。取材した方たちに共通していたのは左記の考え方でした。

・自分は留学生なのだからわからなくて当然だと開き直る
・そもそも生きてきたバックグラウンドが違うから、同じ土俵に立たない

こうしたマインドセットに切り替わると、
「通じるかどうか心配せず、失敗を恐れずに、どんどんしゃべる」（小此木さん）
「相手の返事がわからなければ『もう一度言ってくれる？』あるいは『もう少

しゆっくり話して』と言って聞き返す」（幸田さん）
「オフィスアワーやティーチングアシスタント（授業の手伝いをしている上級生）など頼れるものはフル活用する」（坂内さん）
「授業が聞き取れないなら録音してもう一度聞く。最初は0・8倍速くらいで聞いて、慣れてきたらスピードを上げることで聞く力をつけていく」（坂内さん）
「課題を終えるのに時間が足りない時は直接教授に交渉する」（船田さん）
「英語の発音や語彙力を克服するため、教科書を読む時に、発音の仕方がわからない単語はすべて発音記号を調べ、口に馴染むまで全部音読する」（砂山さん）
といったサバイブ術を発揮するようになり、そこから英語がどんどん上達していったそうです。

実際に、心理学や応用言語学の研究からも、留学で英語が得意になる人には、「全部が理解できなくてもなんとかなるはず」と考える前向きな態度や、自ら進んで英語の習得に最適な環境にしようとする学習姿勢といった特徴があることがわかっています。

言葉以外の入り口から英語力を上げる

こうしたマインドセットの切り替えと同時に、言葉の「壁」を少しでも低くするため、スポーツなどの部活動や共通の趣味など、言葉以外を入り口に英語力を上げていくしというアプローチも見られました。

「チームスポーツとコーラスなど複数の部活動に参加した。一緒に汗を流したり、歌ったりしていると、英語が流暢かどうかは意識されず、みんなで同じ目標に向かって頑張れた。そして、『よし、飯でも食いに行くか』という人間関係が築けて、自然と会話が弾むようになった。そういうところから英語力は伸びていったと思う」（坂内さん）

「英語力の面で1年目はなかなか友達ができない中、寮のルームメイトが日本のアニメやゲームに詳しく、（自分の専攻である）物理の知見もある人でいろんな話ができた。英語の勉強も大事だが、日本にいる間に自分の好きなことを追求しておくこともとても大事だと今になって思う」（Uさん）

名古屋大学の野水勉《のみずつとむ》教授と明治大学の新田功《にったいさお》教授による留学のインパクトに関する調査では、3ヶ月未満の留学でも外国語で発言する勇気や慣れ、語学へのモチベーション、異文化コミュニケーション力の向上などについて、回答者の約8割が留学の効果を実感したと答えています（『海外留学がキャリアと人生に与えるインパクト』）。

つまり、留学の比較的初期段階でマインドセットがこのように切り替わり、そこから英語力が伸びていくといえるのかもしれません。そして、このマインドセットは、日本で英語を学ぶ際にも重要な要素であるといえそうです。

英語が「飛躍的に伸びた」と実感する日はくるのか

では果たして、カエルが一足飛びにジャンプするように、英語力が一気に伸びたと実感できる瞬間はあるのでしょうか。日本で十分に準備をし、留学先でもマインドセットを切り替えてさらに努力を重ねる中で、ビジネスや社会活動をしていく上で十分な英語でのリテラシー（読み書きの力）とコミュニケーション力（聞く話す力）は「もうこれで十分」というレベルにまで伸ばすことはできるのでしょうか。

目下留学中の学生たちにとっては、英語で読んだり書いたり、会話をしたりする上で不自由を感じることは日増しに少なくなっていると思います。多くの日本人から見れば、彼らは「英語を不自由なく使える人」に見えるでしょう。ところがそんな彼らでも、「毎日のように英語の壁は感じる」「今でも時々溶け込めていない感じがしなくて悩むことがある」といったように、未だに自分の英語力については「成長途上」だと感じることがよくあるというのです。

確かに、20年近く使ってきた母語である日本語と比べれば、数年間の勉強で完全に「壁」がなくなるほど甘くないのは当然のことかもしれません。

しかし今、アメリカ経済を支えるＧＡＦＡＭ《ガーファム》（グーグル・アマゾン・フェイスブック〈現メタ〉・アップル・マイクロソフト）のようなテック企業では、インドやロシア、中国をはじめ世界中から来た英語を母語としない移民が、大勢のエンジニアや経営人材として活躍しています。アカデミアの世界でも研究者は英語で論文を書き、世界中の仲間とコミュニケーションを取りながら幾多の共同研究を進めています。

であるならば、英語が母語ではない日本人も、「壁」の存在を感じることがなくなるくらいまで、英語をもっと上達させることができるはずです。

では、そのコツとは一体何なのか。飛躍的な伸びを実感できるまでには一体何が必要なのでしょうか。

ここからは、高校まで日本で教育を受け、大学から異国の地に飛び込んだ学生たちの先駆者であり、教育学の専門家かつ教育起業家の小林亮介さんにお力をお借りし、その問いの答えを探っていこうと思います。

２０１９年に米フォーブス誌が選ぶ「アジアの30歳未満の30人」に選出された小林亮介さんは、高校まで日本で教育を受けた後ハーバード大学へ進学した、この本のテーマのパイオニア的存在です。大学在学中に、国境や世代を越えた多様な出会いと交流から学べるプログラムを提供するＨＬＡＢを設立。日本各地での高校生向けサマースクールの開催、海外奨学金プログラムの設立と運営サポート、レジデンシャル・カレッジ（居住型教育機関）の運営などを手掛けながら、2022年にはスタンフォード大学で教育学と経営学の修士号を取得しました。

ご自身の経験に加え、日本の多くの高校生を海外大学進学の最前線でサポートしてきた小林さんに、英語の「壁」を乗り越え、ホンモノの英語力を身につけるには何が必要か。そしてそれは何の役に立つのかといったところまで踏み込んでもらいました。

「英語が得意」と思っている人でも陥る落とし穴

——小林さんはご自身の今の英語力についてどう評価されますか。

小林　ちょうど今から3年前、スタンフォード大学院に入学しました。その初日、半分はアメリカ国内から、半分は海外から来ている約400人のクラスメイトの中に入った時、まわりに輪が作られて自分がその中心にいられることが以前より増えたと実感しました。

ハーバード大学を卒業してからはしばらく日本に軸足を置いて働いていたのですが、その間にも英語が上達していたことには自分でも驚きました。そこから大学院での生活を経て、英語でもより自分らしく振舞えるようになった実感はありますね。

――小林さんは元々、高校まで日本の教育を受けてこられたわけですが、海外の大学を目指したきっかけは何だったのですか。

小林　中２の時に家族で海外旅行に行った時、全然英語が喋れなかったんです。「学校で１年以上も勉強してるのになんで喋れないんだ？」と思ったのがきっかけで、自力で一番安い留学エージェントを見つけ出して、高校で１年間、アメリカ・オレゴン州の高校に留学しました。

でも、１年経っても大して英語は上達しなかったんですよ。田舎の高校だったから学校の成績は意外と良かったんですが、英語ができるようになった実感がなくて。とはいえゼロから飛び込んで色々なトラブルも乗り越えて、なんだかんだ１年間生き残れたので、「留学なんてなんとかなるものだ」という自信だけはついたんです（笑）。

だからじゃあ大学も日本とアメリカ両方チャレンジしてみようかと思って、日本では一橋大学に、アメリカではハーバード大学に合格しました。一橋大学には1学期だけ通い、秋からハーバード大学に入学しました。

大事なのは英語力よりコミュニケーション力

――高校時代、1年間では歯が立たないと思った英語力は、ハーバードでの4年間でどう変わりましたか。

小林　4年間過ごしてみてあらためて、英語も「何とかなる」って思いました。今はもうアメリカに住んで延べ8年ほどになりますけど、その当時を振り返ってみると、大事なのは英語力そのものというより、自分と異なる他者とのコミュニケーションの作法に慣れることだったなとつくづく感じます。

――今回取材した人たちも、「授業の英語は何とかなるけど、カフェテリアや寮の部屋で繰り広げられる友達との会話の方がずっと難しい」と言っていました。それが一番しんどかった、と。

小林　それすごくわかります。つまりグローバルなコミュニケーションって、「コンテクスト（文脈・背景）」の相互理解っていう、英語力以外の部分がほとんどなんです。そもそも、相手とバックグラウンドが全く違う中で話そうにも、日本で育つと自分と異なる他者とのコミュニケーションの仕方を体系的に勉強したことがないじゃないですか。どこに落とし穴があるかわからないから、不安で怖くて発言できなかったり、逆に日本の常識で差し障りないことをポロっと口に出したら、海外では非常識でその場の空気を凍らせてしまったりするんです。だから仮に英語が完璧でも会話できないんですよ。

――取材でもそれに関連した話を聞きました。外国人が集まるミーティングで談笑していたところ、居合わせた別の日本人から〝Your career is quite something.〟と言われたそうなんです。これは日本語に直訳すると、「あなたのキャリアはたいしたものだ」という意味なのですが、それまでの会話の流れとか、そこに居た人たちの関係性を考慮すると、遠慮がないというか、少々上から目線なニュアンスにも感じられたようで、他の外国人がそれを聞いて少し気まずそうにしていたとか。その一文だけ切り出すとどこにも問題はないのに、小林さんがおっしゃった「コンテクスト」に合った表現を選ぶのってすごく難しいんですね。

小林　そうそう、そういうことよくあります。表現自体が間違っていなくても、前後の文脈で少し皮肉っぽく聞こえてしまったのかもしれませんね。他にわかりやすい例を挙げれば、アカデミー賞でウィル・スミスがクリス・ロックを平手打ちし、Ｆワード（〝Ｆ〟で始まる非常に下品な言葉）を連発した一件です。日本では「妻のために闘ったウィルは、男らしくかっこいい」「殴られるようなことを言った方が悪い」など、ウィルの言動に一定の理解を示す声が多く上がっていましたが、アメリカでは暴力やＦワードは絶対に許容されないので、両国で反応が違ったりしました。いずれの例も、言語でなく文脈や文化の違いなんです。

――日本でのそうした反応も、けして悪意はないんですよね。先ほどの日本人も、「英語のこなれた表現を知っているからちょっとここで使ってみるか」くらいの気持ちだったと思います。

小林　英語の発音も流暢さも完璧じゃない場合は、相手に「この人英語苦手かも」っていうシグナルになるからまだいいのですが、一番危ないのは、発音もうまくなってきて英語っぽく喋れるんだけど、先ほどのような場違いな表現を悪気なく使ってしまうケースです。日本人に限らず、英語で育ったネイティブだけれど、大学や大学院でアメリカに来てから人付き合いがうまくいかずに苦労する人って実は結構いるんですよ。

そもそも海外の大学に行くと、いろんな国から集まっている留学生には英語ネイティブで育った人が非常に多く、「英語がまともにできないのは自分だけ」と疎外感を感じがちなのですが、実は彼らも「これって話していいのかな」「これを話す自分はどんなふうに見られるのかな」といったコミュニケーションの不安を抱えています。発音が上手で、流暢に話せても、英語力で大事なのはそこじゃないんです。

多様な人とのコミュニケーションで英語力はぐんと伸びる

――そう言われるとすごく心理的なハードルが上がってしまうのですが、その不安はどうすれば解消できるのでしょうか。

小林　例えば、自分と全く異なる人と一つ屋根の下で24時間365日一緒に暮らし、四六時中千本ノックをやるみたいにたくさんコミュニケーションを取ることです。そして、安全な環境でたくさん失敗するに限ります。違うから近寄らない、ではなくて、どうやったらお互いに理解しあい、リスペクトし、楽しめるのかをたくさん場数を踏んで学ぶしかない。

日本人はよく、「欧米の人はプレゼンや口がうまいから技術や中身がなくても勝てるんだ」っていう負け惜しみを言いますが、それは「英語だからわかってもらえない」という言い訳だと楽に説明できるからです。でも本質的には英語力のせいではなく、自分と違う分野や価値観の人にどうわかってもらうかという視点に立ったコミュニケーションの練習が圧倒的に足りていないからです。

僕は今シリコンバレーに近いところにいますが、日本で育った友人のトップ研究者から興味深い話を聞きました。「ＡＩをはじめとした最先端技術の研究者たちの中で、日本人のエンジニアには優秀な人も多いが、コミュニケーション能力に欠けているためにコラボレーションができないのがとても残念だ」というんです。

これは必ずしも英語で話すのが苦手、という話ではないんです。自分がやっている研究のユニークさや秀逸さについて、少し違う分野の研究者に伝える力の話だというんですよね。論文や日々の会話の中で、お互いに言葉で伝え合う中で面白い研究が育っていくのに、すごくもったいないと感じることが多いと話していました。英語ができないとか人脈がないとかじゃなくて、日本にいる時から、自分と異なる他者とのコミュニケーションの練習が足りないから、相手に面白いと思われず損しているだけなんです。

——それを聞いて、世界的にも著名な物理学者の1人、大栗博司《おおぐりひろし》先生（東京大学国際高等研究所カブリ数物連携宇宙研究機構機構長・カリフォルニア工科大学ウォルター・バーク理論物理学研究所所長）に以前取材させていただいた時のお話を思い出しました。
「学生の多様性は日本ではあまり重視されていないが、研究の現場では多様な見方の人が集まっていることで新たな視点が開けることが多いため、非常に重要な要素だ。文化も育った環境も、受けた教育も異なる人々が世界各国から集まることで、物事を多角的に捉えられるようになる。また、多様性のある環境では、文化的背景や価値観が異なる相手に対し、ゼロから自分の意見を根拠立てて説明しないとわかってもらえないので、自然と思考力、論理力が鍛えられる」と。大栗先生もアメリカでの研究生活が長い分、コミュニケーションの重要性を実感されているんだなぁと。

小林　まさに大栗先生のおっしゃる通りだと思います。日本は「ハイ・コンテクスト」な社会。共有する文化や背景が多く、同質性の高い日本では、言わずとも阿吽の呼吸でわかりあえることも多い。一方で、アメリカは移民で成り立つ、共有するものが少ない「ロー・コンテクスト」な社会。ですから、多様性の中に身を置いたコミュニケーションは社会に必要不可欠で、教育でも最も重要視されるのです。早いうちからトレーニングを受けますし、卒業後の職場でも日々練習量が多い。これが、ものすごい大きな差になっていくんですね。

――留学、特に学位取得を目的とした長期の留学では、４年間かけてその作法を徹底的に鍛えられる。それができるからこそ、英語力もぐんぐん伸びていくわけですね。

小林　今やハーバードやスタンフォード、ＭＩＴといった有名大学の授業もオンラインなら無料で受けられる時代です。じゃあもう大学に行く価値はないのかというと、依然としてそうした大学には多くの志願者が集まって、昔より今の方が競争が熾烈になっているほどです。

つまり、彼らが考える教育とは、授業のコンテンツや学位の提供だけではない。むしろ教育の世界の潮流は、異質な人たちが集まる多様性の中でのコミュニケーションにあります。

世界トップクラスの教育機関がほぼ全て、全寮制で教育に取り組むのは、世界を牽引するリーダーを育てるには他者理解こそが最も重要であり、なるべく多くの時間をコミュニケーションの練習に充てようという発想で設計されているからです。

確かに英語はコミュニケーションのための重要な手段だけれど、どんなに完璧な発音で流暢に喋れても、基礎としてのコミュニケーションの作法ができてないと本当の意味でグローバル社会の内側には入っていけないんです。

日本でもコミュニケーション力は鍛えられる

――となると、同質性の高い日本ではそうした教育を受けられないので、英語力も必然的に伸び悩むことになってしまうのでしょうか。

小林　いいえ、僕はけしてそうは思いません。多様性は身近にも存在します。日本語・英語という使用言語は、数多ある違いのひとつに過ぎません。だから意識次第で、異なる他者とのコミュニケーションの作法そのものは日本にいても鍛えられると思うんです。

例えば東大の合格実績を見ると、ひとつの学校から何十人も合格者を輩出していますよね。だから地方からぽつんと1人で東大に来ると、都会の進学校のカルチャーに入るのが難しいと聞きます。多数派は、中学受験はこの塾、御三家に入って東大受験はあの塾って、同じようなルートで生きてきた人たちばかりですからね。

地方出身者が上京して苦労するのは、東京が彼らにとっては全く異質な環境だからです。でもその後、海外に留学したら、上京した時より溶け込むのに苦労しなかったという話を聞きます。地方から東京に出た時の方が、東京から海外よりも大きなジャンプだったと言うのです。東京で、自分と異なる人とのコミュニケーション力を鍛えられたからなのではないでしょうか。

僕自身は、ハーバード時代の寮生活はもちろんですが、それ以上にＨＬＡＢの仕事での学びが大きかったと思います。サマースクールを作るため、日本各地の教育委員会や自治体、さらには地元の人々と仕事を行うわけですが、同じチームにはアメリカの大学出身の外国人もいるわけです。また、20代から80代まで、全く違う世代や価値観の人と一丸となって、日本中から参加する高校生の相談相手になったりする。どちらも同じ「多様性」で、その橋渡しの中でものすごくコミュニケーション力が鍛えられました。

——冒頭に、ご自身の英語力が右肩上がりに上達しているとおっしゃったのも、その経験値の積み重ねと比例しているからなんですね。

小林　大学を卒業してからはしばらく日本にいて、英語漬けの生活からは遠ざかっていたのに、大学時代と比べて雲泥の差で英語がうまくなっていたのには自分でも驚きでした。

だからむしろ、世界で使える英語力を伸ばすという点で一番良くないのは、日本を同質性の高い環境だと勝手に思い込み、身近にある多様性を意識しないことだと思います。

意識的に環境を変えることが大切

——身近にある多様性といえば、東大に来ている留学生に日本語を教えている先生曰《いわ》く、留学生からしょっちゅう聞かされる愚痴が、「日本人の学生は僕らと友達になりたがらない」「食堂でとなりにすわった人に声をかけても話が弾まない。どうして？」といった不満なのだそうです。

国内外問わずコンフォートゾーンを出て、自分がマイノリティ（少数派）になる経験をどれだけつくれるか。そしてそこで自分とは異質な人たちとどれだけコミュニケーションの壁打ちをできるかということが大事なんですね。

小林　そうですね。でもこういうことってなかなか日常の延長には起こりにくいので、意識的に環境を変えるのは効果的でしょうね。だから留学は半ば強制的に完全に環境を変えてしまうという点で英語力が伸びやすいんです。でも別に留学しか手段がないわけじゃない。国内のもっと身近なところにも探せば機会は色々あると思いますよ。

ＨＬＡＢがサマースクールを開催している長野県・小布施《おぶせ》町は、長野県で最も面積が小さい町ですが、実は世界80カ国、３００万人以上が愛好するスラックラインという新しいスポーツの聖地なんです。

スラックラインは２０００年初頭に生まれたばかりの競技で、地上から１

メートル以上に張った5センチ幅のライン（線）の上を飛んだり、跳ねたり、回転するアクティビティです。ライン上での動きが、体幹やバランス強化に役立つことが医療の分野で注目されていることもあり、競技人口は増え続けています。

浄光寺というお寺の副住職さんが中心となって地元で盛り上げ、これまでW杯を開催するなど今や世界規模での人気競技になっています。そこで驚きなのは、小布施町の子どもたちが世界中の競技仲間と頻繁に交流していることです。当然ながら意思疎通の手段は英語しかないので、子どもたちも使わざるをえない。でもそれを子どもたちは楽しんでやっているわけです。

そうやって身近なところで、普段は出会わないような人たちと意識的に会う機会をつくり、飛び込んでみる。それだけでも、そこで鍛えられるコミュニケーション力は間違いなく英語力向上につながっていくと思います。

きれいな発音で流暢に話せる英語を英語力の完成形だと信じ、そんな英語力を身につけたい。そして自分の子どもに身につけてほしいと私自身もそう思い続けてきました。でも、今回のお話を通じて、それが一番大切なことではないということに気づかされました。

日本の学校に通いながら、海外の大学に通えるくらいのハイレベルな英語力を身につけられるということは第1章で見てきた通りですが、それだけではまだ世界で使える英語力とはいえない。同時に、多様な人々とのコミュニケーションの場を増やしていくことと両輪で初めてホンモノになるのだ、と。

留学すると英語力が格段に上がるのは、こうしたコミュニケーションの場数が圧倒的に増えるからですが、日本にいても身近にそうした機会はたくさんあるということを小林さんから教えていただきました。

欧米での研究からは、留学経験は外国語運用能力の向上のみならず、異文化間の感受性も高まるという結果が見られます。一方で留学を終えた後、使う機会が減るとともに外国語運用能力が落ちていくのは実感としてもわかりやすいところですが、異文化間の感受性も低下していくことを指摘している研究もあります。

つまり、留学後にも何かしらの機会の介入があれば、留学で得られたインパクトが持続する可能性があるというのは、小林さんの英語力が向上し続けたこととも関連がありそうです。

このように、世界で使える英語力を身につけるには、語彙の多さ、流暢さだけでなく、小林さんが強調していた自分とは異質な人たちとのコミュニケーション力の両輪が必要だということがわかってきました。

そこで次にご登場いただくのは、脳の知見を人の成長やウェルビーイングに応用する応用脳神経科学者であり、株式会社DAncing Einsteinファウンダー・CEOの青砥《あおと》瑞人《みずと》さんです。青砥さんも小林さんと同様、日本で教育を受け、大学から海外へ進学した先駆者でもあり、日本の高校を中退後、カリフォルニア大学ロサンゼルス校（UCLA）の神経科学学部を飛び級で卒業しました。ご自身の経験も交えながら、脳神経科学の視点から、英語力を上げていくには日常生活の中でどんなことが大切かについてひも解いてもらいました。

英語力を上げるために日常でなにを大切にすべきか

――青砥さんはずっと日本で育ち、日本の学校で教育を受けて高校は中退。そこから一念発起してアメリカの大学に進学されましたが、そうやって海外に関心が向くきっかけとして、幼少期から英語に触れる機会は多かったのでしょうか。

青砥　うちは両親共に大学に行っていないからなのか、「子どもにちゃんとした教育を受けさせなければ」という思いが強く、英語に対しても早くから意識は高かったようです。英語の教室に連れていかれたり、自宅に英単語のカードリーダーが置かれていたりしたのですが、当時の僕にとって英語はつまらなくてしょうがなくて、全く続きませんでした。

――脳の働きから見ると、幼少期に親がそうやって一生懸命環境づくりをすることは子どもの英語力に何かしら影響を与えるのですか。

青砥　YouTube のように映像も音もあるリッチな情報に繰り返し触れると、人間の脳にとって刺激が強いので記憶されやすいかもしれません。子どもがそれにひきつけられるので、知らず知らずのうちに単語がインストールされるなど、学習されていく確率は高いと思います。

でも、カードリーダーをたまに使うくらいだと、モチベーションが上がるようなコンテンツではないので、ほとんど意味がなかったでしょうね。

――なるほど。そうすると青砥さんにとって、幼少期には英語へのモチベーションに影響する原体験はなかったということですが、ではいつ、モチベーションが上がるようなきっかけがあったのでしょうか。

青砥　それが、高校まではとにかく野球をやりたい一心だったので、むしろ英語なんて大嫌いだったんです。「なんで日本人の僕が英語をやらなきゃいけないの？　意味わかんない」みたいな。一番反発するくらい嫌だったかもしれないです。

けれども怪我で野球を諦めざるをえなくなり、高校も中退してしばらくフラフラしていたら、周りの友達が大学に入学し、就活をやり、着々と人生のコマを進めていくようになって、自分はこれでいいのかと考え始めました。でも結局、自分がそれまで打ち込んできたことって野球しかなかったので、何か野球に関わりたいなと思うようになったんです。

偶然なのですが、少年野球時代の監督が当時にしては珍しくメンタルを大切にする方で、メンタルが選手のパフォーマンスに影響することを自分自身も実感としてわかっていました。そこで脳とスポーツがどう関連するか知りたくなっていろいろ調べてみたら、UCLAがヒットしたんです。スポーツも盛んだし、脳の研究も最先端だから、ここなら自分のやりたいことができるんじゃないかと。だからもうこれは行くしかない！　って思い始めたんです。

――そこでようやく「行きたい！」っていう気持ちまではたどり着いたと。でも実際にアメリカの大学に入学するとなるとやはり英語ってものすごく高い壁じゃないですか。しかも大嫌いだった英語をいったいどうやって克服したのですか。

青砥　英語はそれこそ底辺レベルからのスタートだったので、成績は当然右肩上がりです。上がるしかないので（笑）。そうすると、「勉強ってやればできるようになるんだ！」みたいな有能感が自分の中でどんどん大きくなっていくんですよね。

はっきり言って当時の僕には、「野球と比べたら勉強の方が簡単だな」って思えました。野球ではどんなに苦しんで練習しても結果に結びつかないことが結構あったんですけど、勉強はちゃんと集中してやればこんなに伸びるんだという手応えが感じやすかったんです。

――野球で挫折はしたけれど、野球を人一倍頑張ってきたことが勉強に役立ったんですね。

青砥　今思うと、スポーツってひとつのパフォーマンスを出すのにいろんな脳の機能を使うので大変なんですよね。でも受験勉強みたいなものはパターンがほとんど決まっていて、やる気が高まった状態で同じようなことを繰り返せばどんどん習得できるものなので、野球よりは達成感が得やすかったですね。

――最初はコミュニティカレッジに入学し、そこで良い成績を収めてＵＣＬＡに編入されたということですが、英語で一番苦労したっていうのはその頃ですか。

青砥　もちろんそうです。コミュニティカレッジからＵＣ（カリフォルニア大学）に編入というルートは学費が節約できるので、優秀なアメリカ人もたくさん集まって来ます。そんな中で、英語もまだ完璧じゃない自分が彼らと張り合って良い成績を取らなければいけないわけです。

当時僕が行っていたサンタモニカカレッジって日本人がめちゃくちゃ多かったんですよ。コミュニティカレッジだから入りやすい分、「海外で少しは英語ができるようになるといいよね」っていうゆるい気持ちで来ている人もたくさんいました。

だから僕は「絶対に日本人とつるまないぞ」と固く決めていました。英語の勉強量はもちろんですけど、そういう周りに流されない覚悟みたいなものも絶対に必要だと思います。

「やればできる！」と思えるグロースマインドセット

——そのコミュニティカレッジには通常2年間通うところを青砥さんは1年半で単位を取り終え、優秀な成績を収めてUCLAに編入されました。英語のハンディキャップがあったにもかかわらず、どうやって青砥さんはそんな厳しい競争の中で頭ひとつ前に出られたのでしょうか。元々勉強が得意なタイプだったのですか。

青砥　勉強が得意だったら、高校でいっぱい赤点取ったりしないですよ（笑）。野球部でも、自分と同じくらい練習やら試合やら忙しいのに、「こいつなんでこんな良い成績取れるんだよ」っていう友達がいたので、いつも羨ましがっていたくらいです。

でも今、脳を理解してみて、野球の経験は僕のその後の人生にすごく大きなインパクトを与えてくれたんだなと実感しています。野球では毎日、地道に同じような練習を繰り返す中で、昨日よりも今日はどれだけうまくなっているか自分の成長をモニタリングしていて、そうやって日々成長していく自分をどこかで楽しめていたんですよね。

だからこそ、コミュニティカレッジに入ってからも、大抵の人は周囲と自分とを比べ、その「差分」に気持ちが向くのでどうしてもモチベーションが下がってしまうものなのですが、僕は自分自身にフォーカスし、昨日と比べて何をどれだけできるようになっているかの「積み重ね」の部分に意識を向けられたのだと思います。そうすると脳のドーパミンが出やすくなって、学習効率も良くなるんですよ。

――他人と自分を水平に比べるのではなく、自分の過去と今を垂直に比べることで、「やればできる！」と思えるようになる。青砥さんの場合は、野球に打ち込む中で、自分の能力は、経験や努力によって向上できるということを身をもって経験し、失敗も次の成長へのチャンスとして受け入れる。さらに難しいことにも挑戦し、乗り越えるまで粘り強くやるといったしなやかなマインドセットが育まれていったんですね。

青砥　まさにそれがグロースマインドセット(Growth Mindset)です。グロースマインドセットって、脳から見ると先天的にそれを持っている仕組みを説明するのは難しく、むしろ後天的に育まれる可能性の方が高いです。僕の場合は野球を通じてでしたが、「自分は変われるんだ」と脳が本質的に知ることができれば何だっていいんです。

多くの人は、何かができるようになった時もできずに終わった時も、その瞬間の「点」しか意識していなくて、時間の「軸」で捉えられていません。「あの時できなかったことが今、できるようになってる！」っていう変化の情報を脳の中に書き込んでいくこと。自分自身を少し遠いところから客観的に捉える、いわゆる「メタ認知」が、グロースマインドセットを育てていくんです。

何かに打ち込んだ経験が英語力を伸ばすのにも役立つ

――今回お話を聞いた人たちも青砥さんのように日本で教育を受け、ほとんど海外経験もないまま海外の大学に進学した人たちばかりなのですが、課外活動や部活動、生徒会、あるいは自分の好きな教科の勉強など、何かしら熱心に取り組んでいたという共通点がありました。

青砥　英語とは直接関係ないけれど、そういう体験を通じてグロースマインドセットが育まれていき、結果的に英語力も大きく伸びたと言えるのかもしれないですね。

何かに打ち込んだ経験を通じて、「自分が変われる・成長できる」って自分を信じることができる人は、モチベーションの観点から見ても成長しやすいです。

——青砥さんは野球で大きな挫折を経験されていますが、そうした挫折や失敗の経験も成長には大切な要素なのでしょうか。

青砥　もちろん大切な要素です。失敗も成功も、私たちの感情を大きく揺さぶります。すると私たちの脳はどうしてもそこに注意が向きやすくなります。多くの人は、失敗、成功それぞれの結果だけにとらわれてしまって一喜一憂で終わるんですけど、僕の場合は、野球の指導者が「そこからどう成長していくのか」という視点に意識を向けさせてくれたのがラッキーだったなと思います。

究極的には教育のゴールって、「自分は変われるんだ」っていう可変性を知ることなんじゃないかなと思うんです。その可変性ってつまり自分の可能性じゃないですか。自分自身の成長が見られるような自分になっていくことだと思うんですよね。

脳が楽しんでいる状態だと集中力が高まる

——今の教育だと節目ごとに受験もあって、親も子もどうしても周囲との比較にばかり意識が向いてしまい、周囲との競争を乗り越えて頑張った先にようやく成功があるという発想になりがちです。でもハーバード教育大学院のトッド・ローズとオギ・オーガスは『Dark Horse』という著書の中で、変化が激しく正解がない時代においては、最初に充足感が大事なんだと。そして、そのために動き出したら結果的にそれが成功につながるのだと言っているんですよね。

青砥　そうなんです。幸せはゴールの先ではなくて、今この瞬間が幸せじゃないと幸せになれないよっていう考え方ですね。

だから脳の中ではまず、「学ぶことは楽しい」っていうことを学んでほしい。この「楽しむ」って本当に大事で、脳が楽しんでいる状態ではドーパミンが出やすくなって、集中力を高めてくれるんです。

英語の勉強も、成長とともに義務感が強くなって、「なんかちょっとノらないな」っていう時が増えてくると思うのですが、ドーパミンを出しやすくするには最初に脳をノらせればいいんです。よくアスリートがウォーミングアップで自分の好きな音楽を聴いていますが、あれは最初に脳を気持ちよくノせて、ドーパミンが出やすい環境をつくっているんです。

――今回お話を聞いた人たちからも、英語に対して「最初に楽しいと思える原体験」は大事な要素だということがわかったのですが、それは脳科学の知見からも理にかなっているんですね。

青砥　だから学校や習い事で面白い先生がいるだけでもすごい価値があるんですよ。面白い雰囲気ではドーパミンが出やすくなりますからね。

――これは習い事として英語を始めるうえでもとても大事なポイントですね。

何をどれだけ身につけさせるかというアプローチではなく、楽しめているかどうかを確かめることが大事だ、と。

青砥　よい指導者かどうかを見極めるには、自分が大事だと思っているコンテンツを一方的に与えるのではなく、その子が興味を持っているものをきっかけにコミュニケーションをはかってくれるところがいいですね。ただし、小さい子どもだと気まぐれで、興味・関心があちこちに飛ぶので、最初からプログラミングとかスポーツとか、決まったカテゴリでしっかりカリキュラムが組まれているものより、むしろ幅広くいろんなことに柔軟に付き合ってくれるような先生がベストです。そういう英語教室が実際にあるかどうかはわからないですけど、そんな環境があれば英語は子どもの脳の中にどんどん入っていくだろうなと思います。

一番関心のあるところから英語の勉強を始める

――中高生くらいになると、音楽や映画、スポーツなど、自分の好きなものを自分で自覚できるようになります。そうすると彼らが自分から英語の勉強を深めていく入り口としては、一番関心のあるところからでいいのでしょうか。

青砥　それがベストです。僕は起業したての頃お金がなく、英語の家庭教師をやっていた時期があったのですが、教材は一切使わず、生徒の好きなものに合わせてボキャブラリーやフレーズを増やしていくような教え方をしていました。海外ドラマが好きならその中でお気に入りのキャラクターのセリフを覚えたりとか、海外のカフェで働くことに憧れているならその状況を想像してどんな英語を使うか考えてみたりとか。そうするとその子にとってものすごく英語が入りやすくなるんです。

――やっぱりそういうのって効果あるんですね。留学にはスピーキングテストが必要ですが、その練習ってなかなか難しいじゃないですか。今回の取材で、スピーキング力アップのために「身の回りの関心ごとについて英語で独り言を言ってた」っていう人が意外と多かったんですよ。

青砥　それは面白い。今は YouTube や TikTok のような動画で英語がたくさん流れてくるし、気になった動画の感想を口にしてみるのも良いですね。中高生はもうそれで十分効果的ですよ。

さらに、4技能のうちどれから始めるか、何を重点的にやるかも、その子が何を求めているのか、何が好きかに合わせて決めたらいいと思うんです。実際に好き、楽しい、ワクワクするといった感情があればドーパミンが出て英語力は本当に伸びていきますからね。

好奇心が湧いている時にモチベーションは高まる

――最初から画一的な勉強法にとらわれず、自分に合った方法を見つけるというのも大事だと皆言っていました。もう少し根源的なモチベーションの話でいくと、英語の勉強でも、モチベーションを上げようとしても上がらない人ってたくさんいるじゃないですか。

青砥　僕もそういう人をいっぱい見てきました。モチベーションを高められるかどうかって、普段からボトムアップ的に自分の内面から湧き上がってくるモチベーションをどれだけ活用できているかということが影響するんですよね。

――内発的な動機づけですね。

青砥　そうです。これってどんな時に高まるかというと、自分の興味や関心、好奇心が湧いている時なんですよね。それを普段からどれだけ大切にできているかがすごく大事なんです。

例えばダンゴムシの生涯に関する本を子どもが熱心に読んでいるのを見て、親や周りの大人が「なんだそれ」「そんなの読んでないでちゃんと勉強しなさい」とか言った瞬間、内発的な動機づけはシャットダウンされます。

一方で、「テストで高得点を取るぞ」とか、「XX大学に絶対合格！」といったゴールに立ち向かっていく時のモチベーションは外発的な動機づけによるものですが、実はそういうモチベーションって、先に内発的な動機づけがしっかり鍛えられていない人は続かないんですよね。

――それはまさに「学習性無力感」ですね。今やっていることに満足はしていないけど、だからといってやりたいことも見つからない。今の日本人に蔓延しているといわれるこの無力感は、子どもの頃に内発的な動機づけを十分に認めてもらえなかったことも一因かもしれません。

大人から見るし子どものやることとって一見無駄や回り道に見えることも多いけれど、子どもがとにかく今、夢中になっているものを応援して、見守ってあげることって、英語を自分から学びにいく力にもつながりますね。

子どもの邪魔さえしなければいい

青砥　極端にいえば応援も必要なくて、邪魔しなきゃいいんですよ。子どもが興味・関心があるものについての情報を探そうとするのは、生物が生存確率を高める本能的な行為で、本質的には誰もが持っているものなんです。でも先ほどの親のセリフに象徴されるように、それを阻害するような教育が多すぎるから「学習性無力感」につながってしまう。邪魔さえしなければ子どもにはそのエンジンが育まれ、ドーパミンが放出されて、本質的に「これだ！」って思えるゴールに向かえるんです。

――「自分は英語なんて勉強したって、どうせ上達しないし……」っていう気持ちになりそうなところを、「いやいや、今はこの程度しかできないけど、私ならやればできる！」って思える子たちに共通するのは、そういうエンジンがそれぞれのご家庭で邪魔をされず、ちゃんと積まれたままの状態になっているのかもしれません。

青砥　きっとそうだと思います。「やる」って自分が決めた時のパフォーマンスは高まりやすいですからね。

僕は子どもの頃、漫画『スラムダンク』の主人公である天才・桜木《さくらぎ》花道《はなみち》の影響で、自分のことを「天才天才」ってずっと言ってました（笑）。でも今そんな自分を振り返ってみると、脳にそうやって思い込ませることってめちゃくちゃ大事だったなぁと。

そういう根拠のない自信も、脳にとってはすごく崇高な役割なんです。元々みんなそれを持っているのに、現実を見ていくうちに持ち続けることが難しくなっていくんですよね。

脳は本能的にリスクの方に意識が向かうので、「なんとかなるんじゃない？」って根拠なく自信を持って思い続けられることって実は結構大変なんです。

――これまでのお話を伺ってきて、内発的な動機づけと根拠のない自信というのが、英語力を伸ばす上でも大切なのだなとつくづく痛感しました。そうやって子どもが何かに夢中になって楽しんでいることを周りの大人が邪魔したり、自分から手放すように誘導したりせず、本人の内面から湧き上がるモチベーションのエンジンを温めていく。さらにそこから自信が育っていくと、自分の頭で考える力や行動力も育まれていくということなんですね。ところで、留学におすすめの時期ってあるんでしょうか。

青砥　留学の時期についてはそれぞれ一長一短あると思いますが、年齢が低いほど内発的なモチベーションより親の意向が反映されやすくなるでしょうね。高校生くらいになれば、自分と向き合う時間が増え、自分のやりたいことや目指したい方向性が見えてくるので、親の意向ではなく自分の意思で行動するようになります。そうしたモチベーションの観点からすれば、高校生あたりからの留学は自身の内面から湧きあがるボトムアップ型である場合が多いので、ドーパミンが放出されやすく、学習効率も高まると思います。

――英語を身につけておくことは人の成長にどんな影響を与えると思いますか。

青砥　触れられる情報量や機会の数が圧倒的に違うので、人生の可能性が格段に広がります。そして、英語ができれば世界中の人たちと関われるので、多様な価値観を実感として知ることができます。そうした中で、それまでの自分がいい意味でブレイクされ、人間としての大きな成長につながっていくのではないでしょうか。

ここまでの青砥さんのお話をまとめてみると、英語力を伸ばすためのモチベーションのエンジンとして、次のようなことを意識しておく必要がありそうです。

英語力を伸ばすモチベーションのエンジンを備えるための7つのコツ

・好奇心の邪魔をせず、好きなことにはとことん打ち込む体験を
・心の内側から湧きあがるモチベーションを大切にする
・自分が好きなことを入り口にする
・最初に脳が楽しんでいる状況をつくる
・人と比べず、流されず、昨日から今日までの自分自身の成長に注目する
・「失敗は成功のもと」というマインドでどんどん英語を使ってみる
・自分は絶対に変われるという根拠のない自信を持つ

この7項目だけを切り取られて唐突に示されても、英語力を伸ばすこととと直接どう関係するのかはピンとこないかもしれません。ですが実は、英語力を伸ばしていくために今すぐできることは、一見英語とは関係のなさそうなものの中に思いの外たくさんあることがおわかりいただけたのではないでしょうか。

また、親御さんにとっては、ご自身は英語が苦手という意識が強くても、こ

のようなマインドセットや環境づくりを意識することで、お子さん自身が英語の勉強に対して前向きになれるようなサポートは十分できるはずです。

本章の最後に、「世界で使える英語」を身につける秘訣をあらためてまとめると、英語の基礎的な力がついたところから、さらに英語力を伸ばすには次の２点が重要だということがわかりました。

①ネイティブと同じ土俵には立てないと開き直る
②スポーツや音楽など自分が好きなことを入り口に英語力を上げる

また、そこから飛躍的に英語力を伸ばし、英語の「壁」を乗り越えるには、
③多様な人たちとのコミュニケーション力
が鍵になることが小林さんのお話から明らかになりました。

そして「世界で使える英語」を身につけるための長い道のりを歩き続けるた

めには、

④英語力を伸ばすモチベーションのエンジンを備える

という重要な要素が青砥さんのお話から浮き彫りになりました。

この後、第3章では、こうして身につけた英語力はどうやって社会で活かせるのか。最新の動向を踏まえながら追っていきたいと思います。

第3章

身につけた英語を、どう社会で活かすのか

2章では、世界で使える英語力を身につけるための大切なポイントが明らかになりました。

3章では、そうした要素を実現する手段としての「留学」について、もう少し踏み込むとともに、世界で使える英語を身につけた先にあるキャリアの最前線まで追っていきたいと思います。

日本からの留学は増えている

文部科学省の調査によると、日本からの留学者数は、コロナ禍に見舞われた2020年は激減したものの、2017年から19年にかけては10万人を超え、10年間で約3倍に増えています。ただし、2週間以上1ヶ月未満、1ヶ月以上3ヶ月未満の留学が多く、英語力向上の効果は期待しづらい短期間がメインとなっています。

けれども中には、秋田県の公立大学である国際教養大学、早稲田大学国際教養学部、立教大学グローバル・リベラルアーツ・プログラム、同志社大学グローバル・コミュニケーション学部、関西大学外国語学部、近畿大学国際学部のように、1年間の留学を必修としているところもありますし、必修ではなくても、独自の交換留学制度を使って1年間留学できる大学は国公立、私立問わず数多く存在しています。

留学が外国語運用能力に対してどういったインパクトを与えるかという研究は世界中で数多く行われています。アメリカの大学を対象に行われた大規模な調査で留学期間を1年間と1学期間とで比較したところ、留学期間が長いほど語学能力のテストのスコアが上昇することがわかっています。

また、JASSO（日本学生支援機構）による日本での調査は、自己評価によるものの、語学力は3ヶ月未満の留学経験者より3ヶ月以上の留学経験者の方が高い評価となっています。

海外の大学への4年間の正規留学者については、明確な数字での裏付けは得られないのですが、これまで取材してきた限り、「増えている」という見方が優勢だと感じています。アメリカやイギリスの大学を志望する場合、全額自己負担では学費が高額になるため、経済的な理由で実現に至らないケースも実際には多いでしょう。しかし少なくとも、海外の大学という進路がひとつの選択肢になりつつある傾向は、ここ数年間で急速に高まってきているようです。

海外大学に進学する人たちが増えている背景

現役の海外大生が中心となり、高校生への海外大学進学に関する情報提供や進学支援などを行っている特定非営利活動法人留学フェローシップ（以下留フェロ）で理事長を務める高島峻輔《たかしまりょうすけ》さんは、海外大学進学が増えている背景として、次の3つの要因を挙げています。

1つ目は、海外大学に進学している人と触れ合う機会が増えたことです。留フェロをはじめ海外大学進学を応援する団体が、自治体や学校に招かれることが増え、現役の海外大生が長期休暇を利用して全国を巡っています。「自分と年齢が近い海外大生の講師に接すると、『自分も行けるかも』という自信につながるようだ」と高島氏は語ります。

２つ目は、給付型の奨学金が増えたことです。柳井正財団やＪＡＳＳＯなどに加え、２０２２年からは笹川平和財団も加わるなど、返済不要の給付型奨学金が増えたことで、経済的なハードルが下がりつつあります。

３つ目は、海外大学出願のノウハウが普及してきたことです。欧米の大学入試では、学校の成績、推薦状や課外活動のほか、その学生の個人的な経験や価値観、意欲などを見るエッセイなど、さまざまな材料から多面的に評価されます。第１章でご紹介したような英語の勉強法に加えて、推薦状や課外活動はどうすべきかなどは国によって異なるため、海外大学志望者は情報収集の難しさに直面するのですが、留フェロのような団体のイベントや現役海外大生によるＳＮＳでの情報発信などによって、情報の壁が徐々になくなってきているのです。

こうした背景から、最近では都市部の私立難関校に限らず、地方公立校や非進学校でも海外大学が進路の選択肢として加わるようになり、志願者の裾野が広がってきています。

日本の大学では得られないものがある

今回取材した4年間の正規留学者に関しては、英語が好きで海外の大学を目指したというよりも、海外の大学を目指すことで英語の勉強に本腰を入れたという人ばかりでした。中には、「実は高校まで英語は苦手だった」という人も少なくありませんでした。

そうした人たちが海外の大学を目指したきっかけは、日本の教育に対する違和感もありました。

「高校では先生が教えてくれたことをそのまま理解するというところに違和感があった。先生に質問に行くと『それは大学でやることだから今は考えなくていい』と言われ、そういうスタイルの教育に疑問を感じた」（ノックスカレッジ→イェール大学院の砂山さん）

また、高校生の段階で文系・理系に分かれるという教育体系に対して疑問を感じた人も多かったようです。まだまだ日本の高校では「大学受験ありき」で、どんな学問なのかを詳しく知らないまま早い段階から文理に分けられ、大学も入学前から学部や学科を決めるところが大半です。

「日本の大学は、自分がやりたい勉強に対しての柔軟性があまりない。こちらでは認知科学とコンピュータサイエンスの２つを専攻しているが、これらの学問を両方同時に選ぶのは日本の大学だと難しい」（ポモナカレッジの今井さん）

「日本の大学受験の偏差値至上主義的なところや、文理を決めたらもう変えられないという硬直的なところが見えてくると、海外の大学に特段魅力があったというより、日本の大学に行きたいという気持ちがどんどん削がれていった」（ハーバード大学の松野さん）

最近では海外の大学を目指す高校生が率直な思いをＳＮＳで発信しているのをたびたび見かけるのですが、彼らの投稿を見ていても、こうした日本の教育では満たされないという感情が引き金になっているケースが少なくないように感じます。

開成からも海外の大学を目指すようになった

ハーバード大学准教授・併任教授、東京大学教授を経て、2011年から2020年まで開成中学校・高等学校の校長を務めた柳沢幸雄氏は、生徒たちの海外進学を支えてきました。

開成といえば、東大合格者数日本一で有名な進学校です。優秀な日本の高校生にとって、これまで進路の選択肢はほぼ東大一択でした。

ところがハーバード大学で教鞭をとっていた柳沢氏が開成に校長として招かれたことで、生徒たちは「海外大学」という選択肢の存在に気づいたのです。

「開成は進路指導をしないので、教員は誰も『東大に行け』とも『海外に行け』とも言ってなかったんです。ところがある日、卒業したばかりの生徒が校長室に来て、『どうやったらハーバードに進学できるか教えてほしい』と言ってきたのが始まりでした。そこから、1人、2人と進学していくようになりましたが、進学先は最先端の優れた研究活動を行うハーバードやスタンフォード、イェールといった日本でも有名な研究大学とともに、全米での評価は名門のアイビーリーグに劣らないウィリアムズやポモナ、スワスモアといった、少人数教育が特徴的なリベラルアーツの大学を選ぶ生徒も少なくありません。日本ではあまり知られていなくても、生徒たちは必ずしも大学の『看板』や『ブランド』ではなく、何を学ぶか、そのためにどこで誰とどう学ぶかの『環境』で選ぶようになってきているのです。

学費の問題で全員が進学できるわけではありませんが、私が校長を退任する頃には、高校1年生の時点で1割くらいは東大一択ではなく、このように多様な海外の大学も選択肢のひとつとして考えるようになりました。

私はこの変化を好意的に受け止めています。現に今、多くの保護者は、子どもに海外も視野に入れた人間になってほしいと考えています。

ただ、これでもまだ少ない。日本の高校生はアメリカの高校生より優秀です。東大の新1年生だって、ハーバードの新1年生より優秀です。しかし残念なのは、日本の学生は大学に入るとたちまち勉強しなくなることです。ハーバードの学生は学期中は週に60時間以上勉強しています。これは、ハーバードに限った話ではなく、アメリカの大学はどこも勉強しないと卒業できないのでやらざるを得ないのです。課題も山のように出ますから、毎日皆必死です。こうなると、4年後には大きく水をあけられるのは当然です。だからこそ、開成の東大合格者数がトップでなくなるくらいまで海外大学を選ぶ生徒が増えてほしい」

また柳沢氏は「東大が蹴られることなく一人勝ちし続けていることが、日本の弱さにもつながっている」と指摘します。

柳沢氏によると、ハーバードのような難関大学でも合格者の2割ほどが合格を辞退するといいます。他にもトップスクールが複数あり、受験生にとってはハーバードでさえ選択肢のひとつなのです。

一方で、蹴られることがない東大は、他のどの大学とも競合になりません。何もしなくても優秀な学生が集まってくるので、自らの教育を改善しなければというモチベーションが生まれません。しかしそれは裏を返せば、大学として成長の機会を自ら手放していることになります。

東京学芸大学附属国際中等教育学校の荻野勉校長は、「最初の海外大進学者

を出すまでがきつい。出始めると、指導のポイントが見えてくるし、海外大に進学した卒業生から情報が入ったり、協力が得られる。また、実績のある海外大も情報や相談の機会を与えてくれるようになる」と文部科学省の有識者会議で語っています。

多くの高校生にとって、海外大学への進学という選択はまだ黎明期《れいめいき》です。けれども先ほどご紹介したように、志願者の裾野は広がっています。こうやって日本各地の高校から１人、２人と進学者が出てくれれば、海外大学に進学するという選択肢がもっと身近になる日はそう遠くないかもしれません。

日本人が英語を身につける６つの利点

苦労を重ねて身につけた高い英語力。果たしてそれは、社会でどれくらい活かすことができるのでしょうか。

日本とアメリカで教育者として多くの人材を育て上げてきた柳沢氏は、日本の若者が英語を身につけることの利点を６つ挙げています。

①キャリアの選択肢が広がる

英語圏は世界のGDPの4分の1。一方で日本は約5パーセントに過ぎず、1994年以降で最低となっています。英語が話せればキャリアの選択肢が広がり、経済的なチャンスも大きくなります。

②自身の人材としての市場価値がアップする

医師、看護師、弁護士、学者、エンジニア、料理人、デザイナー、アスリートなど、自分の専門領域があれば、そこに英語力を掛け合わせることで、働き口が増えたり、収入がアップしたり、競争力のある希少な人材として認められるようになります。

③キャリアのシフトに際してフットワークが軽くなる

英語を使って何かを身につけたり、働いたりすることにためらいがなくなるので、仕事を中断して再度留学したり、働く場所を海外に移したりと、国内外の出入りに際してフットワークが軽くなるという利点もあります。

「もう日本は豊かな先進国ではなくて中進国。日本人の平均給与は韓国より低い。貿易収支も赤字になり、もっと外貨を稼ぐ必要がある。そのために自分の専門領域に英語力を掛け合わせることができれば、広い世界を舞台に、より良い条件のところへ方向転換しやすくなる」（柳沢氏）

④異質な人とのコミュニケーション力が身につく

⑤自分軸ができる

④と⑤については第2章でも触れたことですが、柳沢氏は日本特有の「気配り」という名の同調圧力が教育現場で未だに根強いことに対し、強い懸念を感じているといいます。

「人は十人十色なのに、日本では今日に至るまで『みんなと仲良くしましょう』と教育されてきた。でも、そうやって常に人と合わせることに心を砕いていたら、ヘトヘトになってしまう。多様性といわれる時代に大事なのは『自分基準』であること。これは日本ではネガティブなイメージで受けとめられがちだが、世界で見ればこちらが主流だ。

世界共通語の英語は、言葉による説明に重きを置くロー・コンテクストな文化。日本語のように気配りで空気を読み、一を聞いて十を知るハイ・コンテクストな文化ではないので、英語では徹底的に言葉を尽くして話しあう。

また、英語には必ず主語があるので、お互いの意見の違いがはっきりする。一方、主語がなくても成立する日本語では、曖昧な答えでもなんとなくみんなが納得してしまう。

英語を使うと、お互いの違いを受け入れ、相手をリスペクトしながらも自分の意見を主張するトレーニングになる。このトレーニングを日々重ねることで、異質な人とのコミュニケーション力が身につくとともに、自分は何者であり、どんな考えかという自分軸ができてくる」（柳沢氏）

柳沢氏は特にこのコミュニケーション力の観点から、大学学部からの正規留学を勧めています。

「寮生活で寝食を共にしていると、こうしたコミュニケーションが積み上がっていく。ずっと日本で同質な仲間と過ごすことと比べて、4年間では非常に大きな差となるだろう」

⑥新しい学問の概念を国際標準で身につけられる

「大学で英語の教科書を使って学ぶこと。このインパクトはとても大きい」と柳沢氏はいいます。

「学部での４年間は、新しい知識や概念を身につける時期。世界全体を見ると、学部教育を母語で学ぶ人は限られている。日本語を母語とする人の割合は、世界の１・７パーセントに過ぎない。

世界の優秀な若者たちは、学部レベルから英語の教科書を使って学び、英語で学問の概念を身につけている。つまりグローバル社会ではそれが国際標準。彼らと同じ感覚を持ち、英語で理解した学問体系で物事を見られる力というのは、その後の人生を切り拓いていく上で大きな財産になる」

こうした理由からも、柳沢氏は「できれば学部からの正規留学を勧めたい」としています。

国内でも留学と同じような環境で学ぶことはできる

英語力が大事なのはわかる。そしてその利点がいくつもあることも理解できる。けれどだからといっていきなり海外の大学に学部から4年間も正規留学するなんて、ハードルが高過ぎないだろうか。実際にはそう感じる人の方が多いかもしれません。また、国によっては元々安いとは言えない学費が、今後より円安が進めば負担が一層増えて、経済的にあきらめざるを得ない人も増えるでしょう。

そこで考えられる選択肢が、国内でも正規留学のような環境で学べる大学への進学です。最近では、日本でも専門科目を英語で学ぶ English Medium Instruction（EMI）を採用している大学が増え、入学時から英語で専門を理解し、表現できる力を育成しようとしています。先ほどの柳沢氏による6番目の利点も、その背景にあるのでしょう。

この筆頭に挙げられるのは、大分県別府市にある立命館アジア太平洋大学（APU）です。APUは2000年に開学したまだ新しい大学ですが、開学以来

163の国・地域から学生が集まっており、学生と教員の約半分は海外からという多国籍なコミュニティが形成されています。授業の9割ほどは英語と日本語の両方で開講されており、英語で専門分野を学ぶこともできます。キャンパスでは英語だけではなく、さまざまな言語が飛び交い、寮でシェアタイプの部屋を選択した場合は、必ず日本の学生と海外の学生が同じ部屋になるので、日本の学生の意識がガラリと変わるそうです。

秋田の公立大学である国際教養大学では、授業はすべて英語で行われ、留学生の割合は4人に1人。留学生を含めた学生の約9割がキャンパス内の寮や宿舎で共に暮らし、世界50カ国200の大学の中から1年間の留学も義務付けられています。

このほか、早稲田大学国際教養学部（SILS）、上智大学国際教養学部（FLA）、国際基督教大学（ICU）などでも授業は英語で行われており、世界各国から多くの留学生が集まっています。

英語は進路にどう活かせるか

大学を選ぶにあたり、本人にとっても、また親としても一番の関心事は、卒業後の進路なのではないでしょうか。特に海外の大学を卒業することに関しては、親世代には自分の周囲も含めてこのようなキャリアパスを踏んだ人が少ないため、「英語力を含めて優れた資質や能力を身につけたとしても、果たしてそれを活かせる場所はあるのか」についてはどうもピンと来ない、という人が多いでしょう。

まだ日本では、留学経験が就職活動の際にどのような価値を持つのか、実証的なデータが体系的に示されていないこともあり、留学を検討する際の大きな障壁となっているようです。

今のところ正規留学生の卒業後の進路については

①現地に残って働く
②そのまま大学院に進む
③日本で働く

の主に３つに分かれます。

①については、学生ビザのままでは働けないため、労働ビザを取得する必要があります。

例えばアメリカでは、企業が外国人を採用する際に数百万円のビザ費用を支払わなくてはならず、この費用を負担してでも欲しいと思われる人材でない限り、現地での就職は難しくなります。ＳＴＥＭ分野（サイエンス、テクノロジー、エンジニアリング、数学）の専攻であれば現地に残って働ける可能性が比較的高くなるようですが、それでも厳しい条件には変わりありません。

②の大学院については、大学卒業後そのまま進むケースもあれば、一度社会に出て働いてから進学するケースもあります。いずれのケースも、先ほど柳沢氏が指摘したように、しっかりとした英語力が身についていれば、キャリアのシフトに際して、日本と海外、そしてアカデミアと実社会との間を行ったり来たりしやすいでしょう。

そして、進路として最も多いのが③です。

では実際に企業はこうした人材をどのように評価しているのでしょうか。

企業から見る人材としてのバリュー

今、人材に対する企業の考え方も変わってきています。日本を代表する大企業の人事担当者による次の言葉からも、どのような変化が起きているかがわかるでしょう。

「変化が激しく先行きが不透明な時代のなかで、これまでと同じやり方をしていては、絶対に勝ち残っていけない。従来は、同質でレベルの高い集団を追求したが、これからの時代は、多様で異能な集団によるディスカッションによって新たな価値が生まれると確信している。さまざまな価値観や考え方があることで、問題発見や課題設定まで現場で行わないといけなくなったが、組織の機動力が飛躍的に増した。ダイバーシティの本来の目的と意味を、日本企業はもっと知る必要があると思う」（日立製作所の人財統括本部グローバルタレントマネジメント部部長を２０２０年まで務めた瀧本晋《たきもとすすむ》氏）

グローバルなビジネスの世界では、英語が母語ではない人たちも英語で話をするのが当たり前になっています。そこで多くの日本企業は、こうした現場で多様なバックグラウンドの人たちと怯まず向き合える、留学経験のある日本人学生を採用したいと考えるようになっているのです。

グローバル人材採用の最前線では何が起きているのか

このような考えを持つ企業がグローバル人材を発掘しにやってくる場所があります。その代表格が、秋にアメリカ・ボストンで開催される「ボストン・キャリア・フォーラム」（以下ボスキャリ）です。

これは世界最大の日英バイリンガルのための就職・転職イベントで、2022年11月はコロナ禍が落ち着き、3年ぶりの開催となりました。

2022年の参加対象者は以下のいずれかの条件を満たす人です。

・日本国外の大学の学士又はそれ以上（修士、ＭＢＡ、博士）の学位を持つ人、又は取得予定の人

・交換留学経験（オンライン留学含む）のある人、又は留学予定だったがコロナ禍で行けなかった日本の大学の学士以上の学位を持つ（又は取得予定の）人
・留学経験のある職務経験者や海外での職務経験のある人
・海外での生活や経験が長い人（帰国子女等）

実態として今、グローバル人材採用の最前線ではいったい何が起きているのでしょうか。このイベントを主催する株式会社ディスコの山崎真司氏と吉田治《おさむ》氏に、最新の動向についてお話を伺いました。

――今年のボスキャリにはどのような企業がどれくらい参加されたのですか。

山崎　今年は146社が参加し、3日間で3133名の学生が集まりました。参加企業は、外資系のコンサルティングファームや金融機関、日系ではメーカーや商社、金融、流通の大手から、日本国内での知名度はさほど高くないもののグローバルではトップシェアを持っているようなメーカー、グローバルな事業

展開をこれから強化するベンチャー企業なども集まりました。

――ボスキャリは「世界最大の日英バイリンガルのための就職・転職イベント」とうたっていますが、やはり英語力があることはプラスになるのでしょうか。

山崎　もちろんプラスになります。特にこのコロナ禍で、オンラインが世界をつなげてしまったこともあり、企業の規模にかかわらず、さまざまな国の人たちとオンラインで話し合う機会が増えました。そうなってくると、非英語圏の人たちであっても、共通言語としては英語を使うわけですが、カタコトの英語でも難しいという人も日本の企業ではまだ多いので、やはり英語力があると即戦力として有利に働いてくるようです。

今はもう、上司が日本語を話せない外国人に変わることも十分起こりうる時代なので、英語力はやはり重要な能力ですね。

英語力より大切なことがある

――会場に来ている学生の英語力はどのくらいのレベルですか。

山崎　非常にレベルが高いです。TOEIC満点はザラにいますし、VERSANT《ヴァーサント》という英語スピーキングのテストも満点という学生もたくさんいます。

　でも、英語力が高い人材を企業が求めているかというと、別にそんなことありません。「英語ができます！」というアピールはもちろんプラスアルファにはなりますが、それをメインで押し出すと、むしろ企業側からは「この人には果たして働く資質があるのかな」と思われてしまいます。

――なるほど。英語ができることはプラスになるけれど、他にもっと大事なことがある、と。

山崎　その通りです。英語力のみに特化してしまう場合は、別にボストンまでわざわざ出かけていかなくても、日本国内でも見つけられるというのは、企業側からよく耳にする話です。

　では何を期待しているのかというと、慣れない環境でチャレンジしては壁にぶつかり、それでもそうした多くの壁を乗り越えてきた経験値です。やはり外国で異言語・異文化の環境となると苦労の多さが違いますから、そこは非常に大きいですね。

――つまり、幾多の壁を乗り越えてきたやり抜く力（GRIT）や、自分と異質な人たちとのコミュニケーション力、異文化への対応力といったところが重視されている、と。確かに、一歩世界に踏み出せば高い自己肯定感と自分に自信を持った人と真っ向から向き合わなければいけない場面も多い中、怯まずしなやかに立ち回れるかはすごく重要な資質ですね。

山崎　そう思います。言語や習慣、文化が異なる人たちとコミュニケーションをとって、伝えるだけではなく理解してもらう。と同時に、相手の主張も否定せず受け入れた上で、「じゃあ、こうしよう」という提案ができる。留学は、こういう体験が毎日の生活に組み込まれているという点で、企業側は高く評価しています。

だからこそ、英語がバリバリ話せても、そのあたりの資質に偏りがあると、なかなか採用に至らないケースもあります。

――ボストンの他にも、ロサンゼルスやロンドンなどでもこのようなキャリアイベントを開催されている立場から、大学から海外に留学している学生は増えていると感じますか。

山崎　増えていますね。正規留学も日本の大学からの交換留学も増えていると感じます。

吉田　日本の大学の中には、1年間の留学を前提としたカリキュラムをつくっている学部がすでにいくつもあります。正規留学よりはハードルが低いというので、「コスパもタイパ（＝タイムパフォーマンス）もいい」と考える学生も多いようです。こうした日本の大学から1年間留学した後、自費でも留学する学生もいます。

今後は留学を必須とする大学はもっと増えていくのではないでしょうか。

――採用する企業は学生の大学名か、それとも専攻なのか、プロフィールとしてはどのあたりを見ているのでしょうか。

山崎　海外大学への正規留学の場合、採用する企業は大学名よりも専攻や成績を見ていますね。専攻については、今はやはりエンジニアリング、ＩＴ、プログラミング系は、どの企業もこぞって採用したいと思っているようです。成績は言うまでもなく、日本人だけではない他の国々からの同級生と一緒に勉強し、競い合って獲得したものですから、その努力の証として重視する企業もあると思います。

吉田　最近は採用担当者自身が留学経験者というケースも増えているので、選ぶ側の目も肥えてきている印象もありますね。

――交換留学か４年間の正規留学か、どちらが高く評価されるのでしょうか。

山崎　それは一概にはいえません。たとえ半年間の留学であってもその企業が求める資質が備わっている人であれば選考はどんどん進んでいきますし、正規留学の学生でも苦戦している人はもちろんいます。

ただし、企業によっては、４年間という長い月日を生き抜いてきた正規留学生を、交換留学生とは一定のラインを引いて評価しているところもあるようです。彼らは留学先で相当ハードな勉強をこなしており、そのバイタリティや、多様なバックグラウンドの人たちとの共同生活を通じて培ったコミュニケーション力なども、採用側にとっては大きな魅力なのでしょう。

吉田　企業側も、これまでは総合職の中に留学生枠をつくる程度でしたが、最近ではグローバル職といった形で、海外で働くことを前提とした枠をつくり始めています。やはり軸足を海外に持っていきたいと考える企業が増えているので、「日本から出たくない」という学生と一線を画すために、そこはカテゴリーを分けようとしているようです。

さらにいうと、国内だけではそういう人材が採用しきれない場合には、日本で学ぶ外国人留学生も積極的に採用しています。

山崎　そういった外国人の優秀な人材を採用し始めると、今度は彼らを管理できる人が不足しているという話にもなるのですが、徐々にこうやって英語が堪能な留学経験者が採用され、今後彼らが管理する側へと育っていくと、体力のある企業は採用先を一気にグローバル化していく可能性は大いにあり得るでしょう。

重要なのは対話力

――その観点でいうと、話が一巡しますが、やはり英語力は大事な要素になりますね。先ほど山崎さんがおっしゃったように、英語しか通じない上司や同僚と働く可能性も大いにあり、ちゃんと自分の考えを英語でも主張できる力を身につけておいた方がいいとあらためて思うのですが、お二人から見て、実践的な英語を身につける上で何かアドバイスがあれば教えていただけますか。

山崎　やはり対話力だと思います。「英語が得意です」という、ＴＯＥＩＣのスコアも申し分ない学生を採用し、ビジネスパートナーが急遽来日することになったので相手をお願いしたら一言も発せなかった、というケースは少なくないようです。対話力というのは、一方的にこちらの言い分を伝えるだけではなく、先ほどもお話ししたように、ちゃんと相手の意見も受け入れ、それを噛み砕いて理解した上で、自分の意見をわかりやすく返せるようなキャッチボールができる力です。これを英語でできることを目指して勉強してほしいです。

吉田　つまりそれは、国語力はとても大事だということだとも思うんです。母語での国語力の土台がしっかりできている人は、英語でも言いたいことがちゃんと伝わってきます。

日本語であっても、相手の意図を汲み取りながら、自分の言いたいことはきちんと伝える。そして、多様な立場の人との議論に参加するといった経験をしっかり積むことも、英語力の成長につながっていくはずです。

――お子さんが留学したいと言った時、親はどのように対応すればいいと思いますか。

吉田　こうしたイベントで数多くの参加者と出会って感じるのは、中途半端な目的だと、現地へ行ってから厳しい環境を生き抜くのは苦しいだろうな、と。ですから、何のために留学に行くのかについては、親子でよく話しあった方がいいのではないでしょうか。

山崎　そうですね。でもその上で本人に「行きたい」という強い気持ちがあれば、止めないで行かせてあげてほしいと思います。将来日本で働くにしても、今以上にチャンスはかなり広がっているはずなので、背中を押してあげてほしいですね。

吉田　私が勧めたいのは、本格的な留学を検討する前に、夏休みを利用して短期のホームステイなどにまず行ってみることです。そこで感触を得てから、本当に何がしたいのかをよく考えてみるのがいいのかなと。親としては、そのようなきっかけをつくってあげたいですね。

官民協働の海外留学促進キャンペーン「トビタテ！　留学JAPAN」は、意欲と能力のある日本の大学生や高校生の海外留学を後押しする目的で始まった奨学金制度で、高校生対象では14日以上〜1年以内の留学が支援されます。こうした制度も積極的に活用することをお勧めします。

また、留学に送り出すのではなく、逆にホームステイを受け入れる側になるというのも良い機会ではないでしょうか。

日本にいながらでも、留学を通じてであっても、高い英語力を身につけ、一歩ずつ歩みを進めて行った先にはこのような世界がつながっています。さらに今後は一層、活躍の場が増えていくことになるでしょう。

日本で働く際に得られるチャンスとは

今回、取材をした小此木さん（オレゴン大学卒業）は、このボスキャリで就職活動を行い、日本のメーカーに就職しました。

入社当初は海外とは関係のない仕事が中心でしたが、「自社の製品や顧客を理解する上では必要な期間だった」と小此木さんは振り返ります。その後、台湾での駐在を経て、会社が海外への事業展開を本格化させるタイミングで、若手の主要メンバーとして抜擢されました。

「僕が在籍していた日本のメーカーが欧米の同業者を次々と買収するという壮大なプロジェクトで、7年間ガッツリ関わりました。欧米企業のトップクラスと一緒に仕事をしていたので、白熱した議論を交わしたり、彼らの仕事のやり方からプライベートの過ごし方まで間近で見たりすることができたのはものすごく貴重な経験でした」

次々と海外の会社を買収していく中で、「会社の環境が一気にグローバル化した」と小此木さんはいいます。

「『この人どこの国の人？』って会話すらないくらい、いろんな国の人たちが働いていましたし、出張もたくさん行きました。グローバルに活躍するトップ人材って、意思決定もメールの返事もなんでもめちゃくちゃ早いんです。自分で会議を仕切ってバンバン決めるので、日本の上司がどんどん詰められるんですよ。社内の管理職の人たちは、最初こそ英語ができる僕に資料づくりからプレゼンテーションまで全部お任せでしたけど、英語ができないと昇進できなくなったということもあって意識が変わり、英語でも物怖じせず自分で前に出ていくようになりました」

日本のメーカーというと保守的で、せっかく海外大学を卒業しても十分に活用されないのではといった懸念を抱きがちですが、今後は国内需要が減退し、日本企業が海外市場へと視点を移す中で、小此木さんのような活躍をする人材は一層増えていくのではないでしょうか。

小此木さんはその後転職をし、今はＧＡＦＡＭ（グーグル・アマゾン・フェイスブック〈現メタ〉・アップル・マイクロソフト）と呼ばれる、世界を代表するＩＴ企業の日本法人で働いています。

「今は日本にいますが、オープンポジションといって、全世界でポジションの空きが出れば世界中どこからでも応募できる人事制度があるんです。今後は子どもの教育のことも考えながら、そういうチャンスも活かしていけたらなと思っています」

イェール大学で博士号を取得し、学術研究の世界にいる砂山さん（ノックスカレッジ卒業）も、東大のカブリＩＰＭＵ（数物連携宇宙研究機構）、名古屋大学を経て、現在はアメリカのアリゾナ大学で研究を続けています。

「英語ができるようになってよかったなと思うのは、日本だけでキャリアの可能性を探すのではなく、海外でのチャンスと見比べた上で選べることです。日本だと、博士号を持っていても企業に就職するのが大変ということで、博士課程に進学するのを迷う学生も多いですが、海外だと選択肢がグッと広がります」

外資系のコンサルティングファームの日本支社に入社して間もない幸田さん（UCB卒業）も、自身の現在の立場について次のように語っています。

「外資に入ったので英語のできる人が多いと思っていましたが、私がいる部署では、英語で躊躇なく意見が言えて、ミーティングも進行できるのは珍しい存在のようで、私にたくさん出番が回ってきます。入社したての新人が普通は話ができないような相手と対等に話せたり、ペアで仕事させてもらったり、新卒ではできないような機会をもらえているのは貴重なチャンスだなと思っています」

まさに柳沢氏が指摘した、キャリアの選択肢の広がり、高い市場価値、フットワークの軽さがここにも見て取れます。

世界には目指したいロールモデルがあふれている

日本で生まれ育ち32歳で渡米、UCLA医学部内科教授、東大教授などを歴任し、福島原発「国会事故調」委員長としても知られる黒川清氏は、「若者よ大志を抱け、外の世界へ出よ」と訴えています（『考えよ、問いかけよ「出る杭人材」が日本を変える』）。

「世界には目指したいロールモデル（お手本となるような人）があふれている」「広い世界の中に身を置き、そこで自分がやりたいことを見つける。未来は暗いと思い込んでいる令和日本の若者には、自分に素晴らしい将来があるということにもっとワクワクしてほしい」

一方で、経済産業省が発表した「未来人材ビジョン」によれば、日本は諸外国に比べて「現在の勤務先で働き続けたい」と考える人は少ないのに、「転職や起業」の意向を持つ人も少ないことがわかっています。

不安や閉塞感を感じている、あるいはもっと自分の可能性を広げてみたいという思いがあるなら、日本を出て外の世界に出てみる。最初の取っ掛かりはオンライン英会話のようなバーチャルな世界でもいいと思います。まずは自分を日本の外とつないでみるのです。

英語は別に完璧じゃなくていい。そもそも言葉に完璧なんてありません。単なる語学力としてではなく、一歩外に出て、いろいろなバックグラウンドの人たちとの交流を通じて磨かれていくコミュニケーション力としての英語力は、この先の人生をほんの少しでも明るく、心を軽く、豊かにする強力なアイテムになってくれるはずです。

コラム　海外の大学に進学するには

海外大学への進学に、キラキラした経歴は必要か

メディアの影響もあり、一部には「海外の大学＞日本の大学」「東大が滑り止めに」といったイメージが広がり、海外の大学は英語でのディベートで国際大会に出場したり、科学系の国際オリンピックでメダルを取ったりと、輝かしい経歴がある人だけの優れた進学先だと捉える人が少なくありません。

しかし実際には、海外の大学も進路の選択肢のひとつに過ぎず、それはけして帰国子女や進学校の人たちだけに限られた道ではないのです。

海外大学に進学した人からは、留学カウンセラーによっては「『そんな経歴ではどこも受からない』と一蹴された」という声もしばしば耳にします。ですが彼らの経験を聞く限り、仮に世界トップクラスの大学であっても、輝かしい活動履歴しか評価しないなどということはありません。むしろ、ニッチな内容であっても自分の興味のある研究や、一見地味に見えても生徒会活動や部活動、

地域での取り組みなどが、自分が属するコミュニティへの貢献として非常に高く評価されることもあります。一番大事な点は、自分が情熱を傾けて取り組めたかどうかなのです。

従って、「キラキラした経歴がないから海外の大学は無理」とはなからあきらめる必要はありません。また、同じ英語圏でも、オーストラリアやカナダには、アメリカやイギリスより学費が比較的リーズナブルで、入学要件は英語力と高校の成績のみという大学もたくさんあります。

「進路の選択肢が増えてきたと捉えて、日本と海外で『どちらが自分の学びに合っているか』という視点で見てほしい」と、先の留フェロ理事長の髙島さんは強調します。

昨今、日本の大学では、少子化の進行や偏差値教育への批判を背景に、試験一発勝負ではない総合型選抜・学校推薦型選抜が増加傾向にあります。学習指導要領の改訂で、高校でも探究型の授業が増えていくので、今後はこうした探究活動の中で、独自の研究や課外活動ができる機会も多くなるでしょう。

そうなると、探究活動や英語力の外部試験の成績など、総合型入試においてアピールできる材料は海外大学に向けた出願準備と重なる部分が大きく、日本の大学と海外の大学との併願もしやすくなるでしょう。

正規留学でも過大な期待は禁物

ただし、ここでひとつ気をつけたいのは、こうした本格的な正規留学に対する過大な期待です。

同じ大学でも、学生数の多い大規模な大学では100人単位の学生が入れる大教室での講義が多くなり、大教室で授業を聞き、その後は1人で黙々と図書館で勉強するといったキャンパスライフもありえます。

「少人数でディスカッションをするスタイルに憧れて留学したものの、期待していたほどそういう授業が経験できなかった」

「規模の大きい総合大学では、同じ人種で固まって、あえて英語を話さなくても生きていける環境。だからこそ自分は流されないように意識した」

という声も上がっていました。

もちろんそれでも、大量の課題をこなしながら学術的な英語に日々触れることで英語力は伸ばせますが、英語でのコミュニケーションという点では、身を置く環境次第で成長のチャンスを活かしきれないまま卒業してしまうことになりかねません。

英語力を含めた自分自身の成長のためには、留学に際して、大学の規模や教員と生徒の比率、日本人の学生数など、自分にベストフィットする環境かどうかを事前に調べておくことが不可欠です。


一番のボトルネック「お金」の問題をどうするか

先にも触れましたが、海外大学進学の一番のボトルネックとなるのは「お金」です。中でもアメリカの大学の学費は高騰しており、年間授業料は平均3万5331ドル（495万円）にものぼります。

これに加えて、寮費や食費、医療保険、往復の交通費なども必要なため、少なくとも4年間で約3000万円ほどの負担となります。

イギリスの大学に行く場合もこれと同じくらいのお金がかかりますが、同じ英語圏でもカナダ、オーストラリアの大学は学費がこの半額から3分の2程度なので少し負担が減ります。とはいえ、日本に比べて物価も高く、4年間を暮らしていくにはけして安い金額とは言えません。この「お金」の問題、日本からの留学生が負担を減らす方法としては主に次の4つが挙げられます。

・日本国内で奨学金を獲得する
ここ数年間で、海外大学進学を望む高校生に向けた返済不要の給付型奨学金が充実してきています。柳井正財団、JASSO（日本学生支援機構）、江副《えぞえ》記念リクルート財団、グルー・バンクロフト基金、笹川平和財団などが有名です。

支援額の大きいのは、柳井正財団と笹川平和財団で、年間の上限が9万5000ドル、英国は6万5000ポンド（これに加えて医療保険や生活支援金などは別途支給）。定員はそれぞれ40人から50人程度となっています。

・大学からの奨学金で負担を軽くする

留学生向けに返済不要の奨学金を出してくれる大学があります。例えば、ウェズリアン大学のフリーマン・スカラーシップや、オーバリン大学のライシャワー・スカラーシップなどは留学生向け（オーバリン大学のライシャワー・スカラーシップは日本人対象）の奨学金ですが、いずれもアメリカでは名門校として知られる大学です。

これ以外にも、中西部や南部には学費が比較的安い上に、大学の国際化を目的として、留学生に奨学金を多く出してくれるところはたくさんあります。

海外留学推進協会や米国大学スカラーシップ協会日本事務局といったエージェントを通すこともひとつの方法ですが、大学に直接コンタクトを取り、学費の交渉も可能なので、ここはまさに第1章で挙げた「ググる力」を発揮すべきところでしょう。

そのほか、現在は限られた私立校になるものの、UPAA（海外協定大学推薦制度：イギリス8校、アメリカ10校の大学が加盟）・UPAS（海外大学進学協定校推薦入試制度：アメリカ、カナダ、イギリス、オーストラリアの70校の大学が加盟）という制度に加盟している日本の高校の生徒は、学校で一定以上の成績を収めると、それぞれの制度の加盟校へ推薦入学で出願でき、大学が用意している奨学金が得られる場合があります。

・コミュニティカレッジから編入する

本書ではUCBに編入した幸田さん、UCLAに編入した青砥さんをご紹介しましたが、コミュニティカレッジは年間の授業料が4年制の大学の半額程度ですむため、3年から編入という方法は学費の節約になります。入学のハードルも低いのでチャレンジしやすいものの、お二人の体験談からも垣間見えたように、編入にはアメリカ国内からの学生を含めた厳しい競争下で他を圧倒する成績を取る必要があり、相応の覚悟が必要です。

・非英語圏の大学に行く

英語圏の大学は学費が高額なことから、最近では非英語圏ながら講義が英語で行われる大学への進学が注目されています。オランダ、ドイツ、フィンランド、ハンガリーなどの大学は英語圏に比べて学費が大幅に抑えられるので、積極的に選ぶ人が増えています。

ＪＡＳＳＯの奨学金は非英語圏の大学も対象となっており、本書で紹介した橋本さんのように、この奨学金を活用すれば実質負担はほぼゼロで質の高い教育が受けられます。ＪＡＳＳＯの学部学位取得型の海外留学支援制度では、学費（上限２５０万円）のほかに奨学金として月額５万９０００円〜11万８０００円（留学先地域により異なる）が支給されます。

またアジア圏でも、授業が英語で行われている大学はたくさんあります。マレーシアはアメリカ、カナダ、イギリス、オーストラリアなどの大学への編入も可能なことから、日本からの留学生が増えているようです。

ＪＡＳＳＯがまとめた、英語で学位取得ができる非英語圏諸国・地域の高等教育機関についての情報は、「英語 学位取得 非英語圏」と検索すればこちらにアクセスできます。

現代版「遣唐使」計画の提言

繰り返しになりますが、留学への熱い思いがあっても断念せざるを得ない最大の理由は「お金」の問題です。

そこで先の柳沢氏は政府に対し、「現代版の『遣唐使』をつくるべきだ」と提言し続けています。

「毎年１０００人分の奨学金を用意する。１人年間３５０万円。だいたい、海外留学に必要な費用の半分だ。そうすると４年間で１４００万円、１０００人だと１４０億円になる。

海外の大学はひとつの国から一定の人数しか入れないので、毎年１０００人を海外に送れば、全世界の１００校ぐらいに日本からの留学生が散らばる。彼らが日本に帰ってきたら、社会は変わっていくはずだ」

国の予算を使うとなると、「果たしてそれだけのお金をかけて行かせる価値があるのか」と厳しく追求されるところですが、慶應義塾大学の中室牧子教授らによる最新の研究によると、大学学部生・大学院生への奨学金によって英語力が上昇していることに加え、コミュニケーション力や異文化への興味・関心も高まるということが明らかになっています。

また、奨学金の存在により留学確率が40ポイント上昇していることも明らかとなっています。これは奨学金を受けた学生のほぼ全員が留学に行くのに対し、奨学金を受けられなかった学生は60パーセントしか留学に行かないことを意味します。中室教授らは、「奨学金によって学部生・大学院生の留学が後押しされ、英語力が向上し、さらなる外国語能力向上につながるような態度が醸成されている」としています。

コラムで紹介した奨学金は、海外大学に正規留学を希望する高校生にとっては非常に狭き門となっており、大学に合格できても学費が支払えず、留学を諦めざるをえないケースが後を絶ちません。こうして1000人規模で国を挙げた支援が実現すれば、多様で異能な人材が再び日本へと還流し、社会に大きなインパクトを与えてくれるはずです。

海外大学に出願するのに必要なもの

最後に、いざ海外の大学に出願したいと思った時に、必要なものを紹介します。出願先の国や大学によっても異なるのですが、ここでは出願に必要なものが多いアメリカとイギリスの例を記します。

《アメリカの大学への出願に必要なもの》

◇コモンアプリケーション（もしくはMITやジョージタウン大学、カリフォルニア大学のように、大学独自の出願書類）

コモンアプリケーションとは、各大学に出願する際に共通願書として使用できるオンラインシステムです。

◇英語力を証明する書類

留学生が英語力を証明する試験の種類は主に次の3つです。

・TOEFL iBT

コンピュータを使ってリーディング、リスニング、スピーキング、ライティングの4技能を測る試験で、各セクション30点ずつの合計120点で構成されています。大学毎に目安となる最低点を提示していることが多いですが、アメリカの場合、望ましいとされるレベルは4年制の大学出願だと80点以上、トップ大学を目指す場合には100点以上といわれています。受検料は235ドル（1ドル＝140円換算で3万2900円）。

・IELTS《アイエルツ》

同じく4技能を測るテストで、英国の大学に出願する際に必須です。9.0満点で、こちらも大学毎に必要な最低点や推奨点が設定されています。ペーパーテストかコンピュータテストかどちらかを選べますが、スピーキングテストは試験官との1対1のインタビュー形式で行われます。受検料は2万5380円（ペーパーベース）か2万6400円（コンピュータベース）。

・Duolingo English Test

TOEFL、IELTSと並び、最近主要な大学でも採用が増えつつあるテストです。テストセンターに行く必要がなく自宅で受検できるため、コロナ禍をきっかけに普及しました。受検料も49ドル（1ドル＝140円換算で6860円）と安く設定されています。

◇SATまたはACTのスコア（大学によっては任意提出）

大学進学に適した学力を測るための、アメリカ版大学共通テスト。日本の共通テストに相当しますが、一発勝負ではなく複数回のチャンスがあります。

日本国内で受検者の多いＳＡＴは、英語（すなわちアメリカの高校生にとっての国語）と数学各８００点で合計１６００点満点。英語を母語としない受験生にとって、英語の試験には高い語彙力と読解力が求められ、難易度が非常に高いのですが、数学はアメリカに比べて日本の高校はレベルが高いので、比較的高得点が取れやすい内容となっています。

ただし、これらの学力試験は、経済力のある家庭ほどスコアが高いと以前から問題視されてきたことに加えて、コロナ禍で試験の中止が相次いだことなどから、２０２０年度入試からは多くの大学が提出不要もしくは任意提出となっています。

◇エッセイ（コモンアプリケーションのエッセイと大学独自のエッセイ）

コモンアプリケーションのエッセイは、これまでの挑戦や失敗、興味関心や成長、幸福感などについて問われる複数のテーマからひとつ選び、６５０ワード以内にまとめます。これに加えて、大学によっては独自のエッセイを課すところもあります。大学は志願者の人となりを評価します。

◇成績証明書（中3もしくは高1から高3まで）
◇高校からの推薦状
◇学校紹介（スクールプロファイル）
◇（大学から奨学金を得たい場合は）申請書類
◇（追加で）高校の先生以外からの推薦状

〈コミュニティカレッジへの出願に必要なもの〉

3年からの編入を狙って2年制のコミュニティカレッジに進学したい場合は左記の通りです。

◇各カレッジが独自に用意する出願書類
◇英語力を証明する書類
◇パスポートのIDページのスキャン

◇金銭的サポートの証明書
◇成績証明書

イギリスの大学は3年制です。カリキュラム自体が専門的で細分化されていることが特徴で、入学後の学部間での移動・変更が困難です。そのため、既に大学で学びたい内容が具体的に決まっている人、将来自分が就きたい職種が明確な人に向いています。

またカリキュラムが専門的な内容を多く含むので、一般教養や必要最低限の英語力を身につけてからでないと履修できないシステムになっています。そのため、日本の高校を卒業しただけだと、まずファウンデーションコースに入学し、1年間のカリキュラムを修了する必要があります。

〈ファウンデーションコースへの出願に必要なもの〉
◇英語力を証明する書類（イギリスではＩＥＬＴＳが一般的）

◇UCAS・各大学のアプリケーション

UCASは、ほとんどの大学が利用する総合出願機関で、学校検索から出願、合否通知の受け取りなどを一括で行います。最大5校まで出願可能です。

◇パーソナルステートメント（志望動機書）

「なぜその学問を学びたいのか」「どう活用したいのか」「なぜその大学でなければならないか」をテーマに、アルファベットの文字数で4000字以内（700〜750ワード）にまとめます。アメリカのエッセイとは異なり、自分の経験や学びたいという思いを、その学問分野に関連させて表現することが求められます（ただし2024年からは、なぜその学問を学びたいかやそれにつながる経験など、6つの質問に回答する形式への変更が発表されています）。

◇成績証明書

◇高校の卒業証明書

◇教員の推薦状

〈イギリスの大学への出願に必要なもの〉
◇英語力を証明する書類（イギリスはＩＥＬＴＳが一般的）
◇ＵＣＡＳ・各大学のアプリケーション
◇パーソナルステートメント
◇成績証明書（ファウンデーションコースから進む場合はファウンデーションコースでの成績）
◇高校の卒業証明書
◇教員の推薦状
◇大学によっては口頭試問（インタビュー）

　ここでは概要をまとめましたが、最新情報などは各大学のホームページでご確認いただけたらと思います。

おわりに

本書の原稿が佳境に差し掛かったちょうど昨年（２０２２年）の晩秋は、サッカーのワールドカップ・カタール大会に日本中が沸き、わが家も家族や友人たちと興奮の渦に巻き込まれていました。

強豪ドイツとスペインに勝利した日本代表メンバーは、７割以上が欧州のトップリーグに所属。強豪クラブでレギュラーとして活躍している選手も増えました。世界トップクラスのスター選手と同じフィールドに立ち、普段からしのぎを削っているからこそ、彼らが少しも物怖じせず、本気で優勝を目指し、自信を持って果敢に戦っている姿には深い感動を覚えました。

さらに私は今回、彼らの活躍からあらためて、語学力の重要性を感じずにはいられませんでした。

彼らの欧州クラブとの代理人を務めている方から直接伺ったのですが、こうして海外で活躍する選手たちは、監督やチームメイトと現地の言葉で意思疎通できるよう、忙しいトレーニングの合間を縫って語学力を磨き上げているそうです。

当然ながら、フィールドに立てば翻訳アプリは使えません。どんなに高度なスキルがあっても、コミュニケーションが取れなければ信用してもらえず、ボールは回ってこない。だからこそ彼らは、語学の習得にもストイックに取り組み、しっかりと身につけていくのです。

日本代表キャプテンを務めた吉田麻也選手は朝日新聞のインタビューで、「スポーツするなら、英語もやろう」と子どもたちに呼びかけています。

「僕は英語を勉強したから、サッカーで活躍できたと思っている。サッカーを頑張る、プラス、自分の武器が必要になる。英語ができれば、シンプルに仕事の幅が広がる」

サッカーに限らず、グローバルに活躍する日本人に取材すると、皆が口を揃えて「英語はスキルとの掛け合わせである」と強調します。どんなに素晴らしい才能があっても、英語力がゼロだと、自分のことを知ってすらもらえない。けれど、英語が少しでもできれば、得意なものと掛け合わせることで総合力が大きくなり、世界で通用するようになるのだ、と。

日本人は、「自分の英語に自信がない」「完璧になるまで使いたくない」と後ろ向きになりがちですが、使わなければ永遠にゼロのまま。それでは何も始まりません。

別にネイティブと同じ土俵に立たなくてもいいのです。

吉田選手をはじめ、多くの日本人選手も、本書で紹介した海外大生たちも、幼い頃から特別な環境に置かれていたわけではなく、日本の教育の枠組みの中で英語を学び、それでもこうして、グローバルに活躍するという夢を叶えています。

今、いる場所で大丈夫。

今、いるところから、世界に手が届きます。

英語を身につけたその先には、もっと大きな世界が広がっています。

そこにはあなたが、今以上にあなたらしく輝ける新たな居場所があるかもしれません。

また、子育て中の親御さんの中には、「うちの子は何事にもやる気がない」「好きなこと、やりたいことが見つからない」といった心配や、「他の子とちょっと違う」「今の環境に馴染めない」といった不安など、さまざまな悩みごとを抱えている方もいらっしゃると思います。けれどそうした特性を持っているお子さんも、一歩世界に出れば、一緒に楽しく過ごせる仲間と出会え、希少な才能が引き出されて開花するきっかけが見つかるかもしれません。

本書を通じて、英語という言葉の壁に臆することなく、自分もチャレンジしてみようと思える人がひとりでも増えるなら、またご自身やお子さんの英語を伸ばすためのヒントを得ていただけたなら、筆者としてこれ以上の喜びはありません。


なお、執筆にあたっては、多くの方々にお力添えをいただきました。

早稲田大学教育学部の原田哲男教授には、第二言語習得には門外漢である私が本書のテーマに挑むにあたり、言語学の見地から多くの専門的なご助言を賜わりました。

また、留学フェローシップ理事長の高島崚輔様、グルー・バンクロフト基金執行理事の足立淳一郎様には、学生さんへのインタビューの実現にご協力いただきました。

一般社団法人HLAB代表理事の小林亮介様、株式会社DAncing Einstein代表の青砥瑞人様、前開成中・高校長（現：北鎌倉女子学園学園長）の柳沢幸雄様、株式会社ディスコの山崎真司様、吉田治様には、豊富なご経験とご知見から、本書のテーマに高い視座からたくさんの気付きを与えていただきました。
そして、学業や仕事にお忙しい中、取材に応じてくださった今井理貴さん、UMさん、小此木理人さん、KKさん、幸田優衣さん、砂山朋美さん、橋本七海さん、坂内佑太朗さん、船田美咲さん、松野知紀さん。さらにこれまで取材を通じて出会った海外大の学生さんたち、グローバルに活躍されている日本人の方々にも、この場をお借りして心からの感謝とエールを送りたいと思います。
最後になりましたが、ポプラ社の編集者である近藤純さんの伴走無くしては、本書が世に出ることは叶わなかったと思います。非の打ちどころがないほどきめ細やかなサポートをして下さり、本当にありがとうございました。

Enjoy learning English, and that makes your life enriched.
楽しく英語を学び、あなたの人生を豊かに。

2023年1月

加藤　紀子

参考・引用文献

・『英語学習の科学』中田達也、鈴木祐一編（研究社・２０２２）
・『海外留学がキャリアと人生に与えるインパクト』横田雅弘ほか編著（学文社・２０１８）
・『外国語学習の科学』白井恭弘（岩波新書・２００８）
・『英語学習は早いほど良いのか』バトラー後藤裕子（岩波新書・２０１５）
・『米国トップ大学受験バイブル』尾澤章浩、向井彩野（ＰＨＰ研究所・２０２２）
・『国外逃亡塾 普通の努力と少しばかりの勇気でチートモードな「自由」を手にいれる』白川寧々（アルク・２０２０）
・『村上式シンプル英語勉強法』村上憲郎（ダイヤモンド社・２００８）
・『BRAIN DRIVEN』青砥瑞人（ディスカヴァー・トゥエンティワン・２０２０）
・『4 Focus 脳が冴えわたる４つの集中』青砥瑞人（KADOKAWA・２０２１）
・『Dark Horse「好きなことだけで生きる人」が成功する時代』トッド・ローズ、オギ・オーガス著　大浦千鶴子訳　伊藤羊一解説（三笠書房・２０２１）
・『あたらしい高校生』山本つぼみ（ＩＢＣパブリッシング・２０２０）
・『夢をつかむ力』松本杏奈（KADOKAWA・２０２２）
・『考えよ、問いかけよ「出る杭人材」が日本を変える』黒川清（毎日新聞出版・２０２２）
・『子育てベスト１００』加藤紀子（ダイヤモンド社・２０２０）
・『プレジデント Family』２０２２年春号（プレジデント社）

・『プレジデント Family』２０１９年春号（プレジデント社）
・『「ＴＥＡＰ」を生み出した上智大学が先頭に立って日本の英語教育の改革を』安河内哲也　上智大学×YOMIURI ONLINE
https://yab.yomiuri.co.jp/adv/sophia/sophian/sophi_03.html
・『【特集】三つの海外大進学支援制度で可能性を世界に広げる…かえつ有明』読売新聞オンライン（２０２１年12月７日）
https://www.yomiuri.co.jp/kyoiku/support/information/CO036461/20211201-OYT8T50006/
・『将来不安を抱く人が、今からすべきこと』NewsPicks（２０２２年12月23日）
https://newspicks.com/news/7884200/body/?ref=user_5695
・『英語好きの小学生が減少、中学生は成績が二極化の傾向　その原因は？』朝日新聞 EduA（２０２３年１月13日）https://www.asahi.com/edua/article/14808736
・『子どもに人気の習い事ランキング、2位は「英語教室」、1位は？』ITmedia ビジネス（２０２２年5月7日）https://www.itmedia.co.jp/business/articles/2205/07/news036.html
・『起業の原動力は「怒り」ＭＩＴ出身の教育起業家「スコラボ」前田智大氏インタビュー〈前編〉』リセマム（２０２２年４月15日）https://resemom.jp/article/2022/04/15/66659.html
・『なぜ「帰国子女の英語は使えない」と言われるのか？』斉藤淳　ダイヤモンドオンライン（２０１７年12月14日）https://diamond.jp/articles/-/152469
・『茨城の公立高校からハーバード大に合格した18歳が、日本の高校生に訴えたいこと』AERA

dot.（２０２１年６月４日）
https://dot.asahi.com/dot/photoarticle/2021053100038.html?page=1
・『お金をかけずに英語ペラペラ「まずこれをやって」吉田麻也の必勝勉強法』朝日新聞デジタル（２０２２年７月28日）
https://digital.asahi.com/articles/ASQ7W54ZJQ7BUTQP00T.html
・『「外国人留学生在籍状況調査」及び「日本人の海外留学者数」等について』文部科学省（２０２２年３月30日）
https://www.mext.go.jp/content/20220603-mxt_gakushi02-100001342_2.pdf
・『日本及び主要国におけるインターナショナルスクールに関する調査』金融庁（２０２１年６月25日） https://www.fsa.go.jp/common/about/research/20210831_2/20210831.pdf
・『国際バカロレアの普及促進に向けた検討に係る有識者会議（第２回）議事次第』文部科学省（２０２２年11月24日開催）
https://www.mext.go.jp/content/20221124-mxt_kokusai01-000025984_1.pdf
・『「英語学習の実態と意欲」に関する調査結果』国際ビジネスコミュニケーション協会（２０１９年７月23日） https://www.atpress.ne.jp/news/188841
・ウェブマガジン『留学交流』２０２０年８月号 vol.113
https://www.jasso.go.jp/ryugaku/related/kouryu/2020/__icsFiles/afieldfile/2021/04/14/202008tamaruyusuke.pdf

・留学フェローシップＨＰ　https://ryu-fellow.org

・『海外留学が大学生の外国語能力構築に与えるインパクト：回帰不連続デザインを用いての分析』
樋口裕城、中室牧子ほか　独立行政法人経済産業研究所
https://www.rieti.go.jp/jp/publications/nts/22e085.html

・Melanie Hanson "Average Cost of College & Tuition" EducationData.org, October 24, 2022
https://educationdata.org/average-cost-of-college

・Nigel Mantou Lou, Kimberly A. Noel "Mindsets Matter for Linguistic Minority Students: Growth Mindsets Foster Perceived Proficiency, Especially for Newcomers" The Modern Language Journal, October 27, 2020
https://onlinelibrary.wiley.com/doi/abs/10.1111/modl.12669

カバーデザイン　bookwall
校正　鷗来堂

加藤紀子
かとう・のりこ

教育ライター／ジャーナリスト
1973年京都市生まれ。96年東京大学経済学部卒業。教育分野を中心に「ReseMom」「プレジデントFamily」「NewsPicks」「『未来の教室』通信」（経済産業省）などさまざまなメディアで取材、執筆を続けている。初の自著『子育てベスト100』（ダイヤモンド社）はAmazon総合1位、17万部のベストセラーに。ほか著書に『ちょっと気になる子育ての困りごと解決ブック!』（大和書房）がある。

ポプラ新書
239

海外の大学に進学した人たちはどう英語を学んだのか

2023年4月10日 第1刷発行

著者
加藤紀子

発行者
千葉 均

編集
近藤 純

発行所
株式会社 ポプラ社
〒102-8519 東京都千代田区麹町 4-2-6
一般書ホームページ www.webasta.jp

ブックデザイン
鈴木成一デザイン室

印刷・製本
図書印刷株式会社

N.D.C.377/200P/18cm ISBN978-4-591-17757-0

P8201239

13歳からのサイエンス

理系の時代に必要な力をどうつけるか

緑 慎也

曾祖父のために新聞の字を拡大できるアプリを開発した高校生、数百万する装置を3万円で手作りし「火星の水」を研究した定時制高校の科学部――オリジナリティ溢れる研究で賞を獲得した10代の若者たちは、どう好奇心を育み、新しい考えを形にしたのか。ノーベル物理学賞の梶田隆章氏にも取材し、科学的に考える力の育み方を考える。

「学校に行きたくない」と子どもが言ったとき親ができること

石井志昂

大事なのは、子どもも親も、自分を大切にすること。自身も経験者である不登校新聞編集長が、学校へ行きたくないと言う子どもに向き合う際の具体的なアドバイスや子育てのノウハウを一冊にまとめました。教育・保育学が専門の東京大学名誉教授・汐見稔幸氏、N高を設立した角川ドワンゴ学園理事の川上量生氏との対談も収録。

9月1日 母からのバトン

樹木希林　内田也哉子

「どうか、生きて」2018年9月1日、病室で繰り返しつぶやいた樹木希林さん。夏休み明けのこの日、学校に行きたくないと思い悩む子どもたちが、自ら命を絶ってしまう。樹木さんは生前、不登校の子どもたちと語り合い、その事実を知っていた。樹木さんが遺した言葉と、それを受け内田也哉子さんが4名と対話し、紡ぎ出した言葉をまとめた一冊。

スマホを捨てたい子どもたち

山極寿一

講演会で、多くの高校生がスマホを手にしながら、「スマホを捨てたい」と言った。彼らはなぜ、スマホで人とつながることに漠然とした不安を感じているのか。200万年前の人類の歴史とゴリラ研究の見地から、生物としての人間らしさを考える。京大前総長でゴリラ研究者の著者による「未知の時代」の人とのつながり方。

やりすぎ教育
商品化する子どもたち

武田信子

日本の子どもの精神的幸福度は、参加38か国中37位。大人たちの過度な期待と押しつけで、日々、心と体を蝕まれ、自信を失っている子どもたち。教育熱心と教育虐待のボーダーラインはどこにあるのか。本書は、家庭や学校で起きている不適切なかかわりあいの実態を報告、さらに学びと遊びの本質、幼児期の発達プロセスなどを紹介する。真の成長、生涯続く学びを考える教育・子育て改革論。

理系という生き方

東工大講義　生涯を賭けるテーマをいかに選ぶか

最相葉月

クラゲの研究でノーベル賞を受賞した下村脩、マリー・キュリーのもとで研究した山田延男、星新一が唯一の弟子と認めた作家であり研究者でもある江坂遊——第一線で活躍する科学者たちは、どう挫折を乗り越え「今までにないもの」を生み出してきたのか。自分の仕事や人生を見つめなおすうえで、新たな視点を得られる一冊。

生きるとは共に未来を語ること　共に希望を語ること

昭和二十二年、ポプラ社は、戦後の荒廃した東京の焼け跡を目のあたりにし、次の世代の日本を創るべき子どもたちが、ポプラ（白楊）の樹のように、まっすぐにすくすくと成長することを願って、児童図書専門出版社として創業いたしました。

創業以来、すでに六十六年の歳月が経ち、何人たりとも予測できない不透明な世界が出現してしまいました。

この未曾有の混迷と閉塞感におおいつくされた日本の現状を鑑みるにつけ、私どもは出版人としていかなる国家像、いかなる日本人像、そしてグローバル化しボーダレス化した世界的状況の裡で、いかなる人類像を創造しなければならないかという、大命題に応えるべく、強靭な志をもち、共に未来を語り共に希望を語りあえる状況を創ることこそ、私どもに課せられた最大の使命だと考えます。

ポプラ社は創業の原点にもどり、人々がすこやかにすくすくと、生きる喜びを感じられる世界を実現させることに希いと祈りをこめて、ここにポプラ新書を創刊するものです。

未来への挑戦！

平成二十五年　九月吉日　　株式会社ポプラ社